SARAY BACHILLER

MÁS ALLÁ DEL TACTO

DEL 10/10/2024 AL 13/12/2024
SALA ROJA. PALACIO DEL ALMIRANTE

FRAN
BAENA

Si Carlos Alcolea en 1980 comparaba la pintura con aprender a nadar, Saray Bachiller (1999) cambió la piscina por el mar hace mucho tiempo, cuando en una enriquecedora búsqueda pasó de su Cáceres natal, a Granada y más tarde a la costa valenciana.

Para ella, esa piscina rectangular que forma el bastidor quedaba pequeña y el agua-pintura debía desbordarse en esta tercera ciudad. Pero en su obra el líquido deviene sólido y la pintura se convierte en objeto. Es por ello que cuando observamos la obra común de cualquier escultor quizás el color no está entre sus principales características, siendo otras como el volumen, el movimiento, los juegos de luces y sombras o la poética de los materiales, por ejemplo, más reseñables. Sin embargo y sin dejar atrás lo anterior, aquí ello tiene la misma cabida que a la rama pictórica le ha correspondido siempre con autores desde Giotto a Georgia O'Keeffe.

Saray es una jugadora de límites: porque no solo confronta las definiciones de qué puede ser pintura y escultura, sino que también establece una capa de lectura mucho más visceral y arraigada a lo humano como es el erotismo a través de la cáscara. ¿Cómo pueden unos objetos con una estética de residuo plástico ser al mismo tiempo tan sexuales? Porque de esa epidermis, esa cáscara de pintura que primero había derramado agregando productos que la hagan más flexible para después manipularla en el espacio, surgen pieles que se enrollan sobre sí mismas junto a otros tejidos, como chicle que da vueltas entre la lengua. Las piezas finales son el resultado de un caluroso beso o algo más. Son dos cuerpos de materiales diferentes fundidos en un abrazo. Y la paleta cromática que Bachiller usa le confiere a su obra un aspecto acogedor, de cercanía, de amor.

Y es que cuando hablo de cáscara y pieles, de cuerpos y de cercanía lo hago a conciencia. Porque la obra de esta joven autora busca dialogar con el espectador. Quiere ser tratada como un individuo más, ser tocada y tocar, desenvolverse mientras te hace bailar alrededor suya sin que seas plenamente consciente. En definitiva, contarte secretos sensoriales al oído.

Así también precisaría destacar la labor de investigación científica, en cuanto a técnica se refiere, por el amplio juego de resinas, látex y nuevos materiales como los bioplásticos que tanto se empeña en desarrollar.

Esta es la ola que Saray Bachiller ha tomado y nos va a demostrar que sabe surfearla.

AMOR EN PAPEL DE VICTOR FRANKENSTEIN O EROS, EL MUTANTE

DEVON D. GARCÍA

Suturar un cisma,
entre animal y síntesis.
El caucho también se volverá polvo.

Dos alientos se han anudado por la cola,
morirán juntos
pues el amor dicta fuego.
Traed amoniaco.

Retratar es matar:
Flores prensadas y artefactos robados.
Nada puede vivir solo con un cuerpo,
nada puede morir solo con una piel.

Exfoliación química,
Suavidad, siempre suavidad.
Eros es un mutante.

Estamos huecos por dentro,
para que el deseo pueda vivir en alguna parte.
Estamos huecos por dentro,
para que podamos plegarnos el uno sobre el otro.
Estamos huecos por dentro,
para que podamos morir más de una vez.

Así que amor, gran gusano, cómanos por dentro.
para que cuando volvamos a morir:
Los ángeles nos lleven con ligereza.
y el sepulturero nos entierre con facilidad.

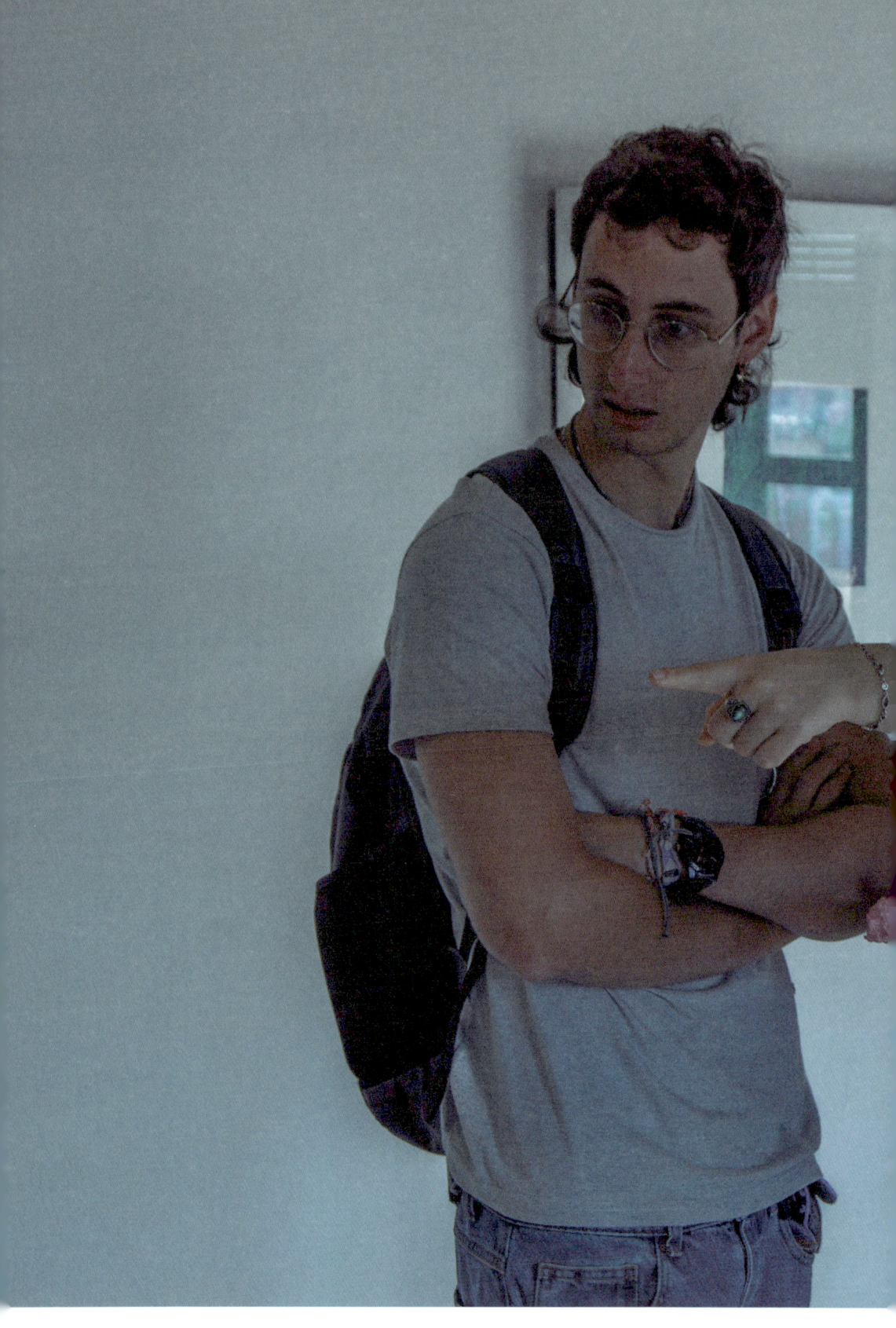

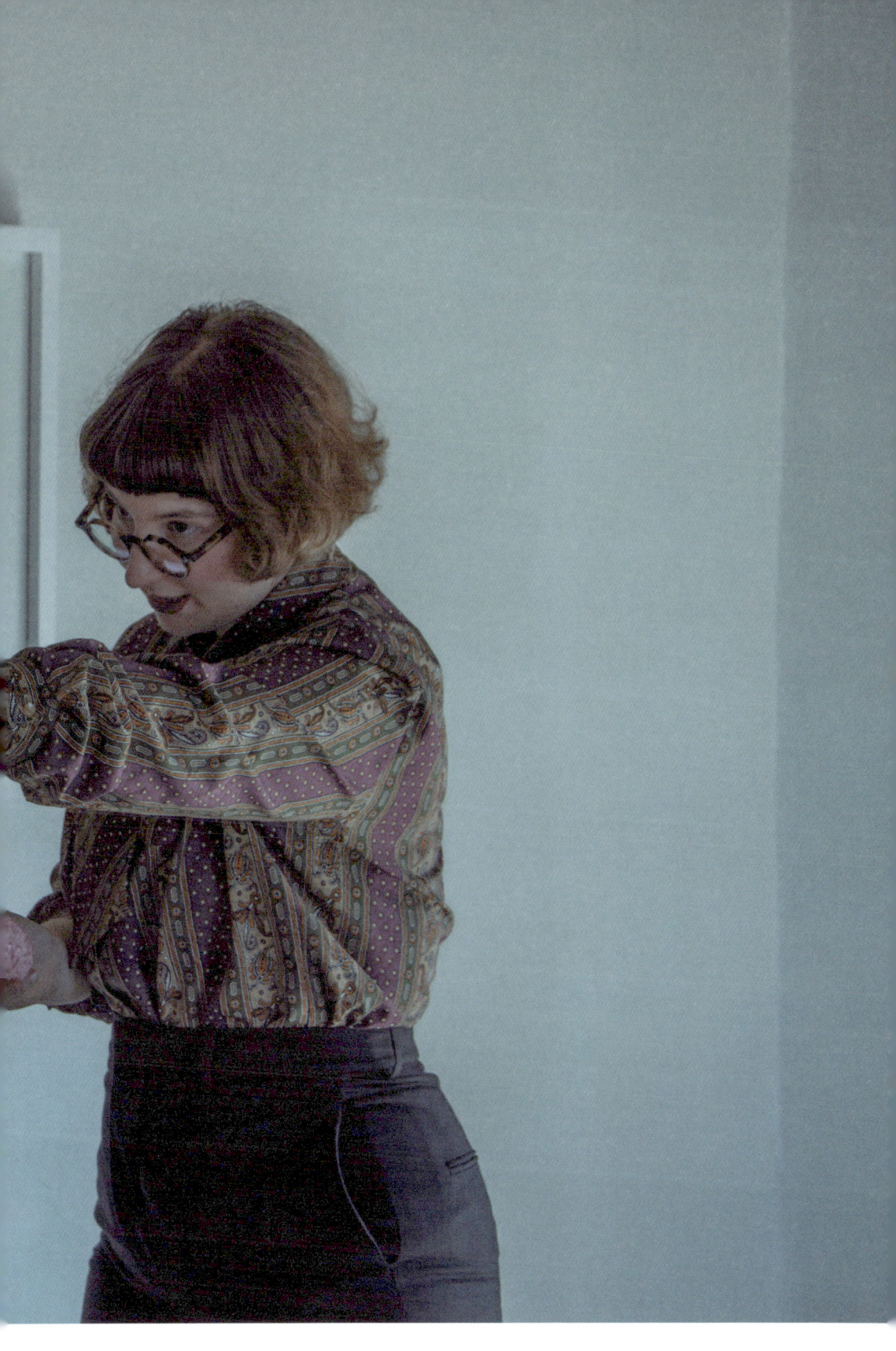

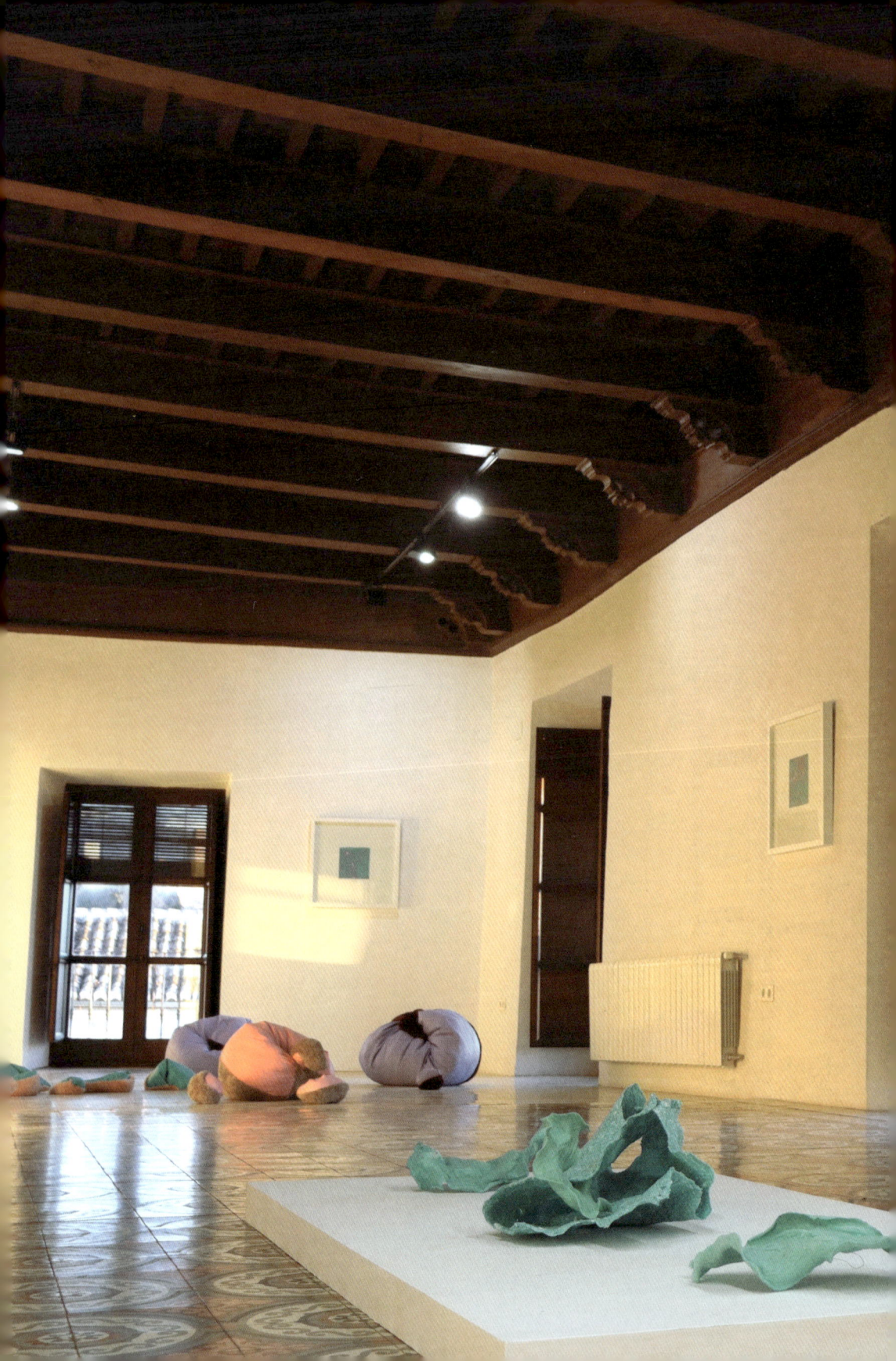

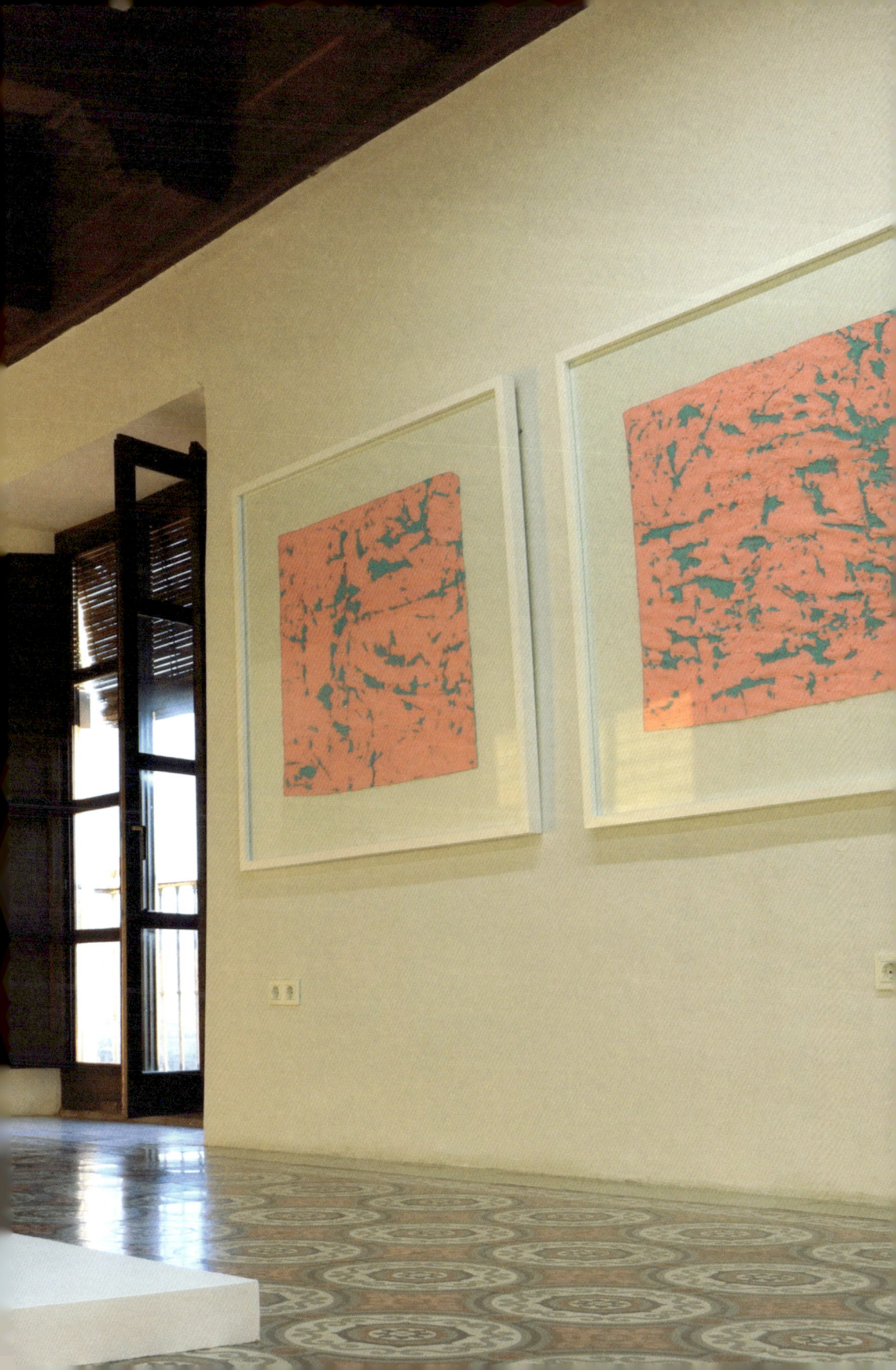

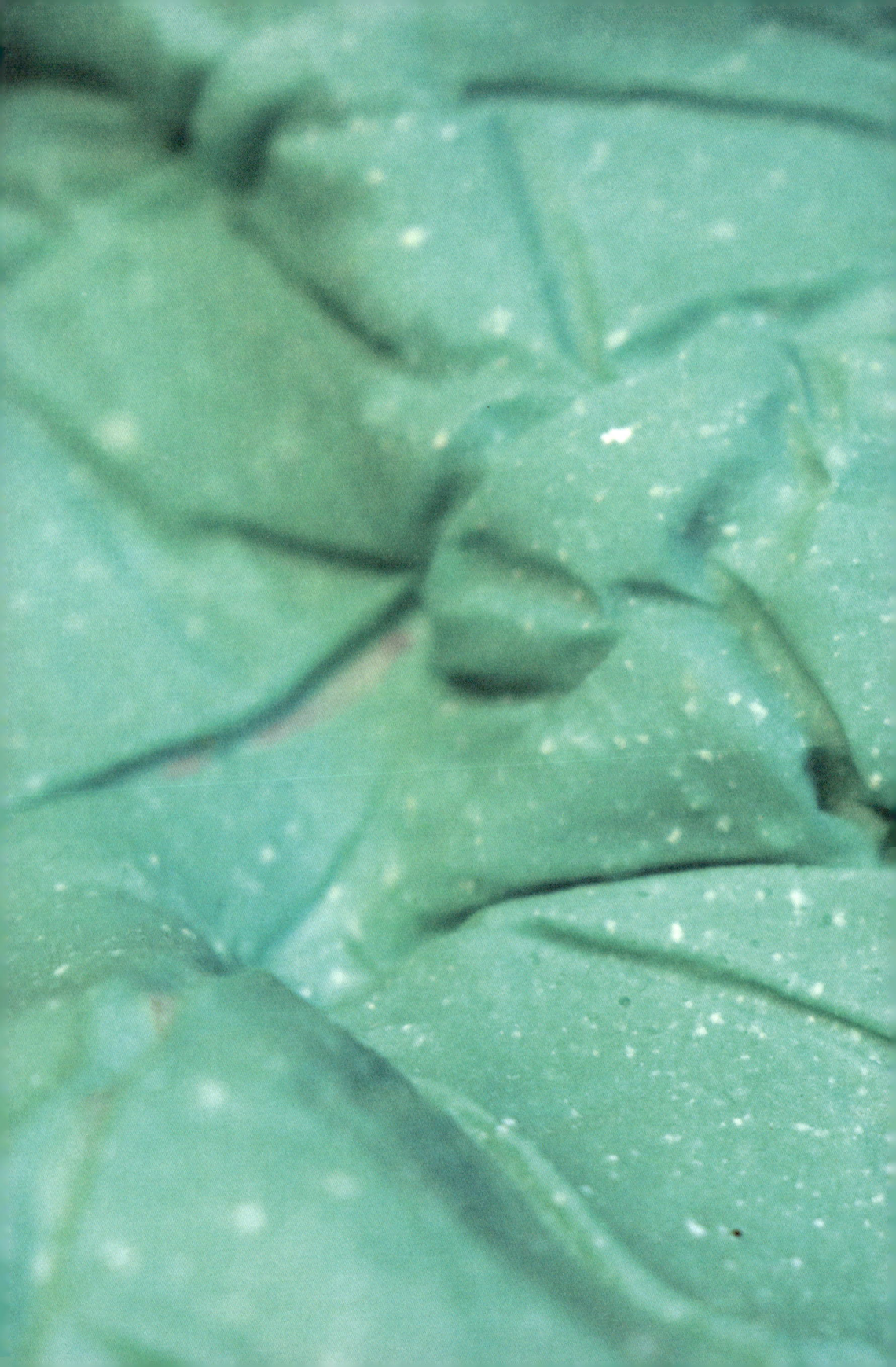

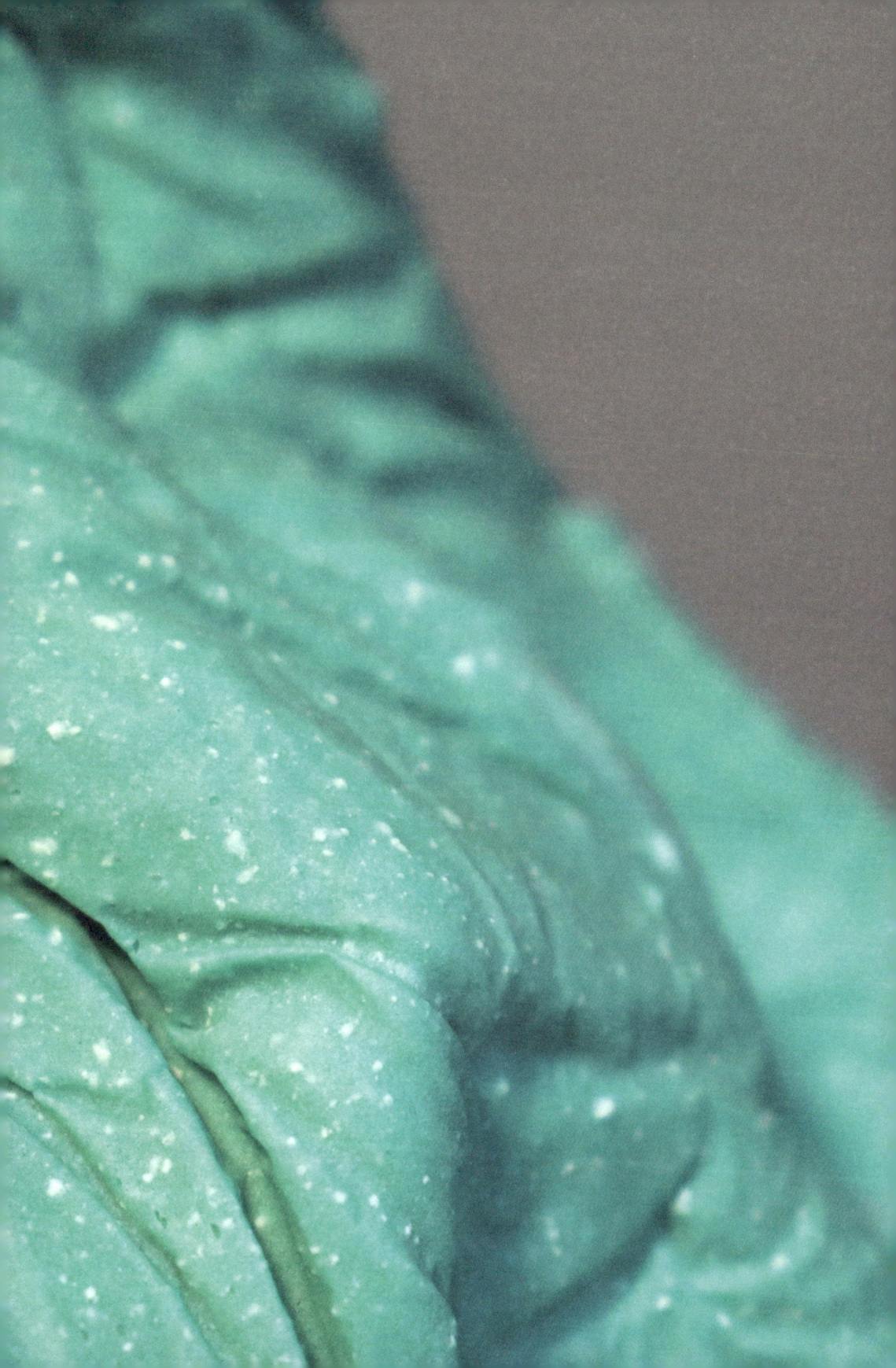

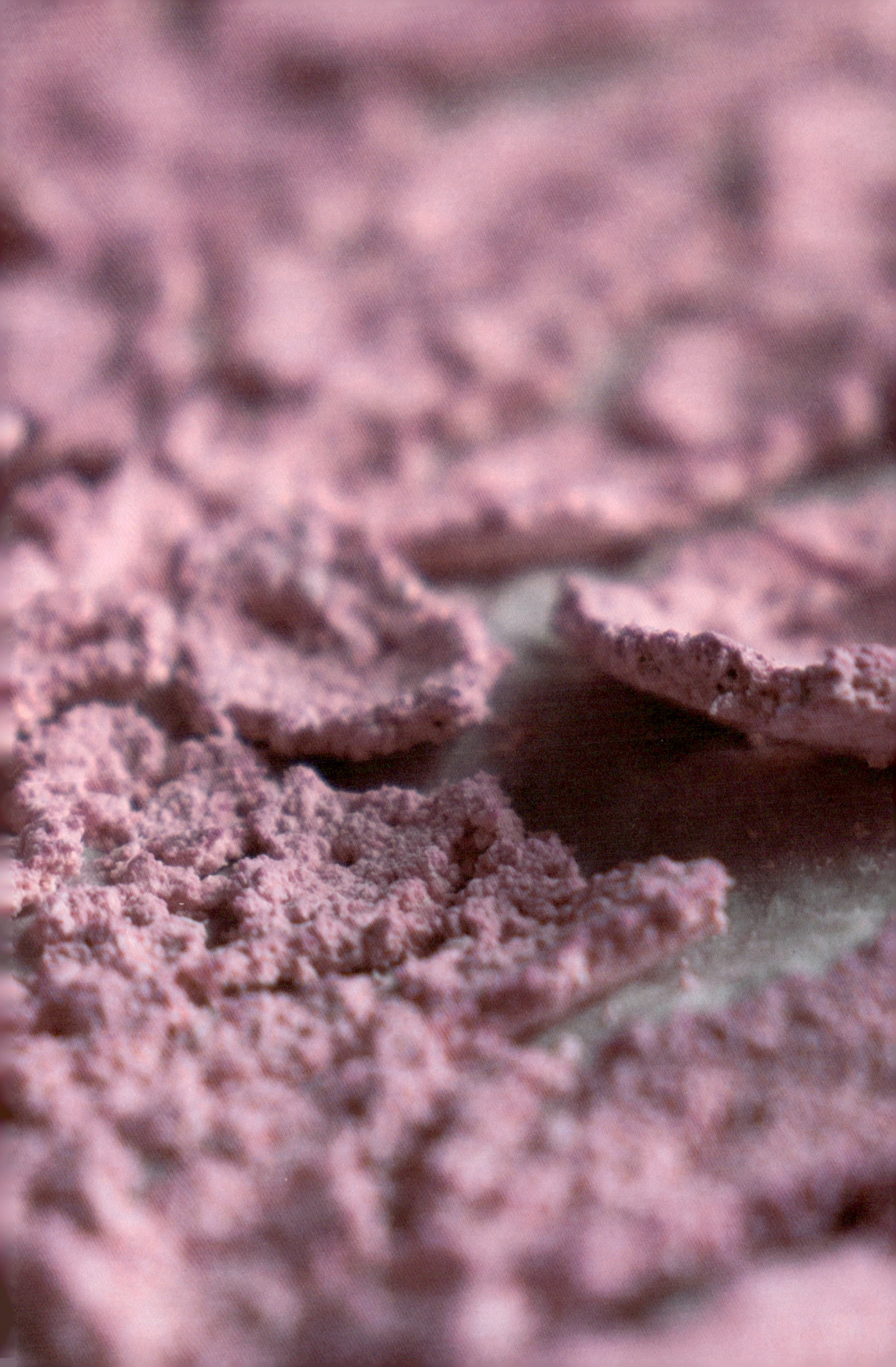

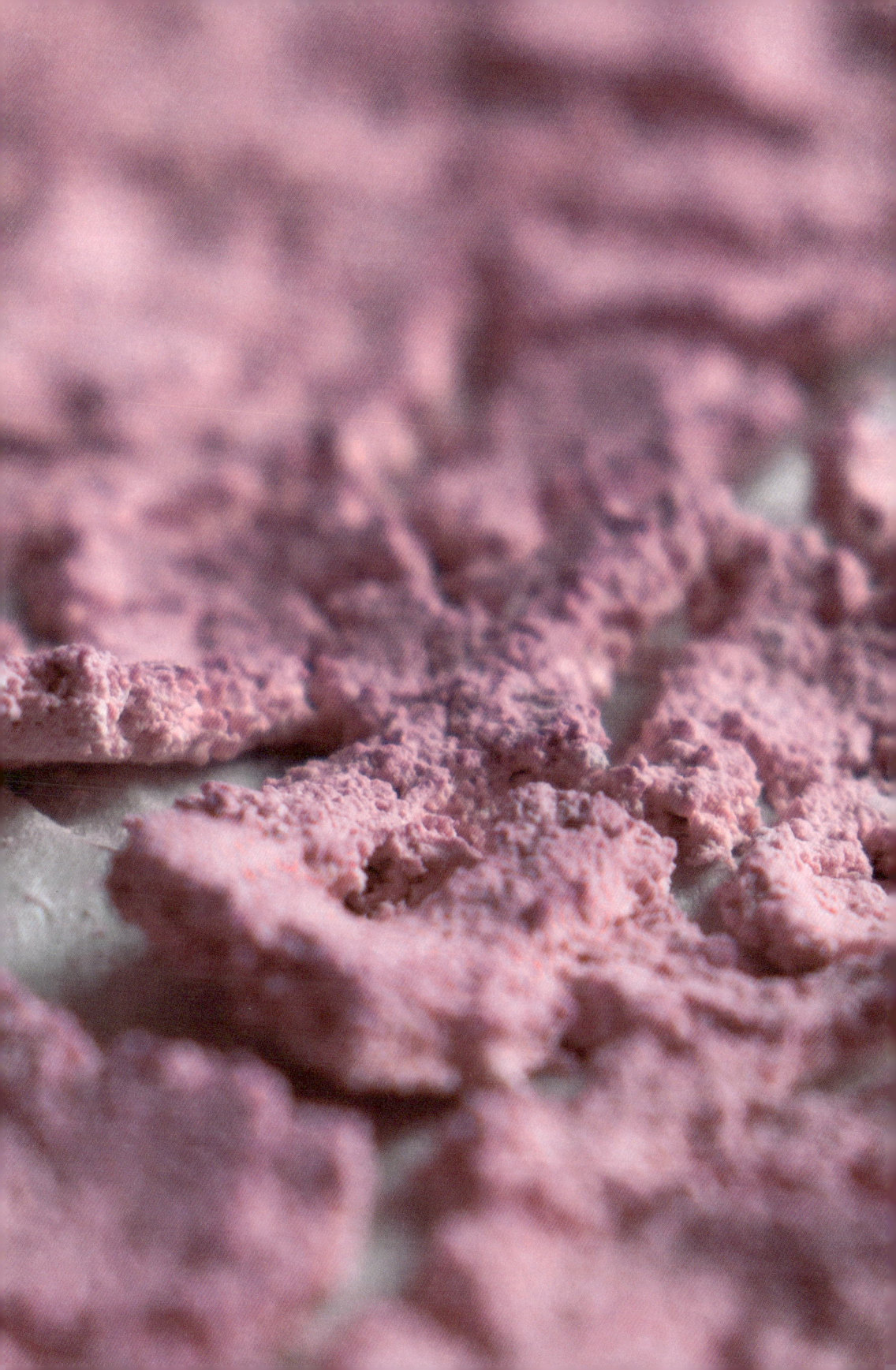

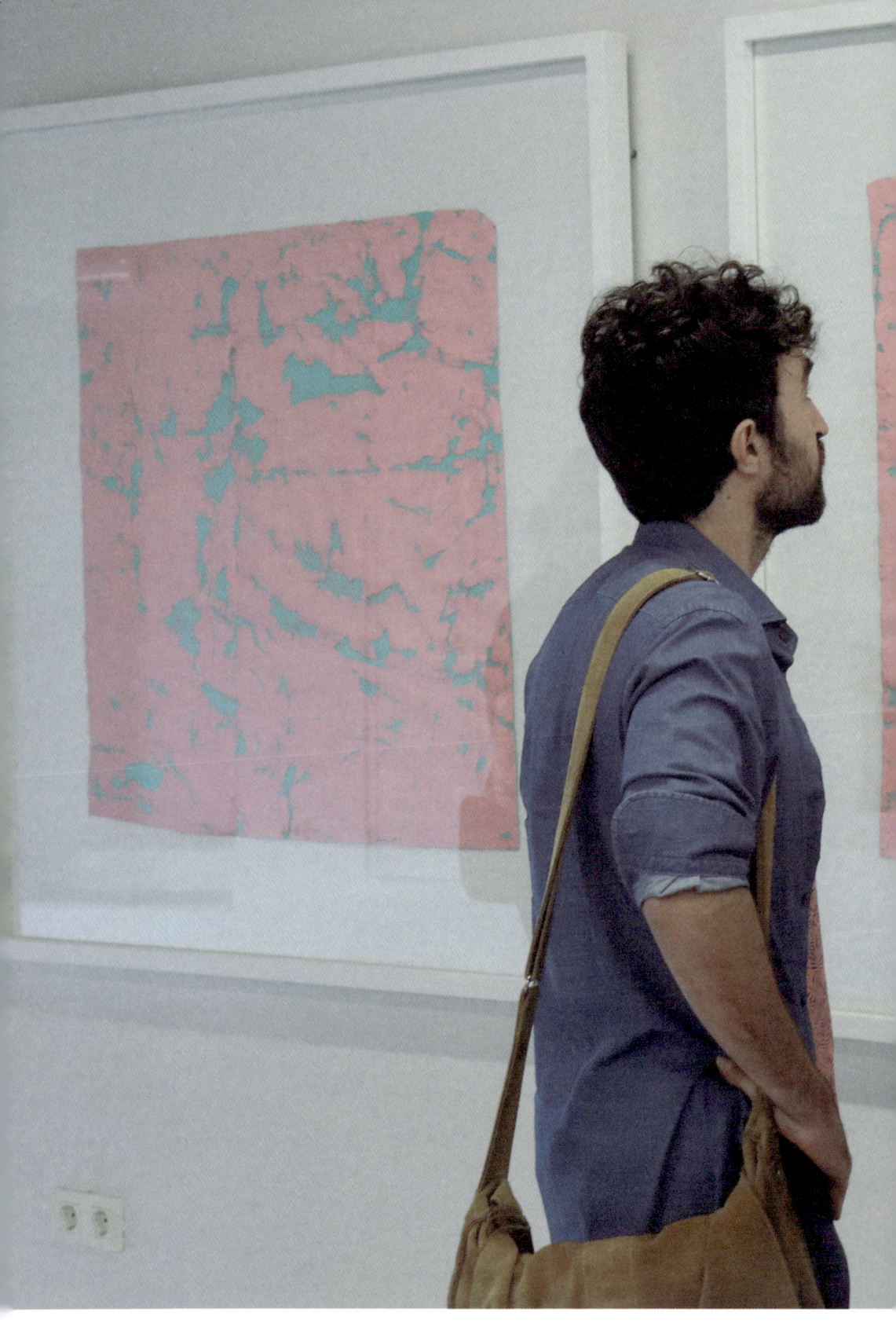

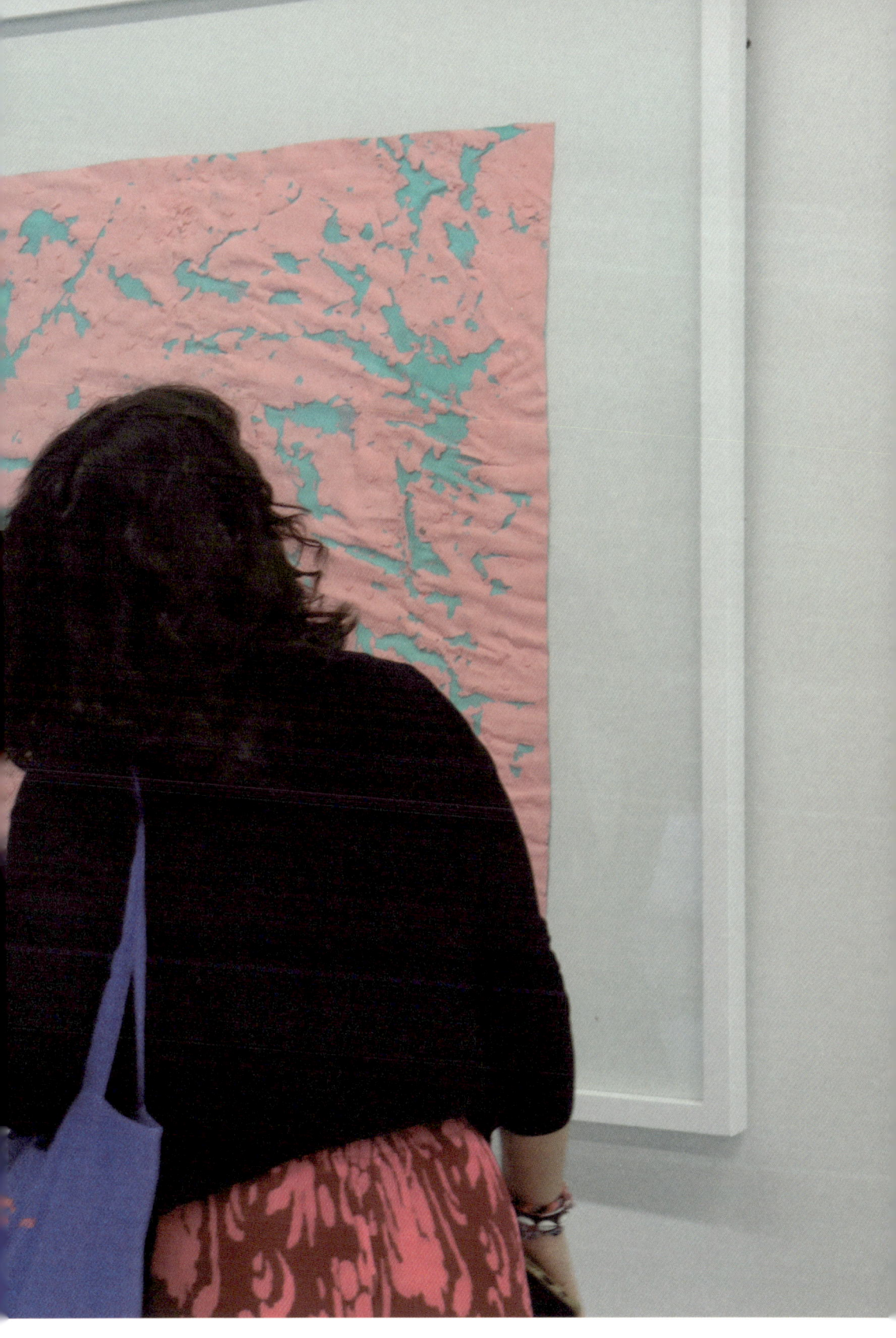

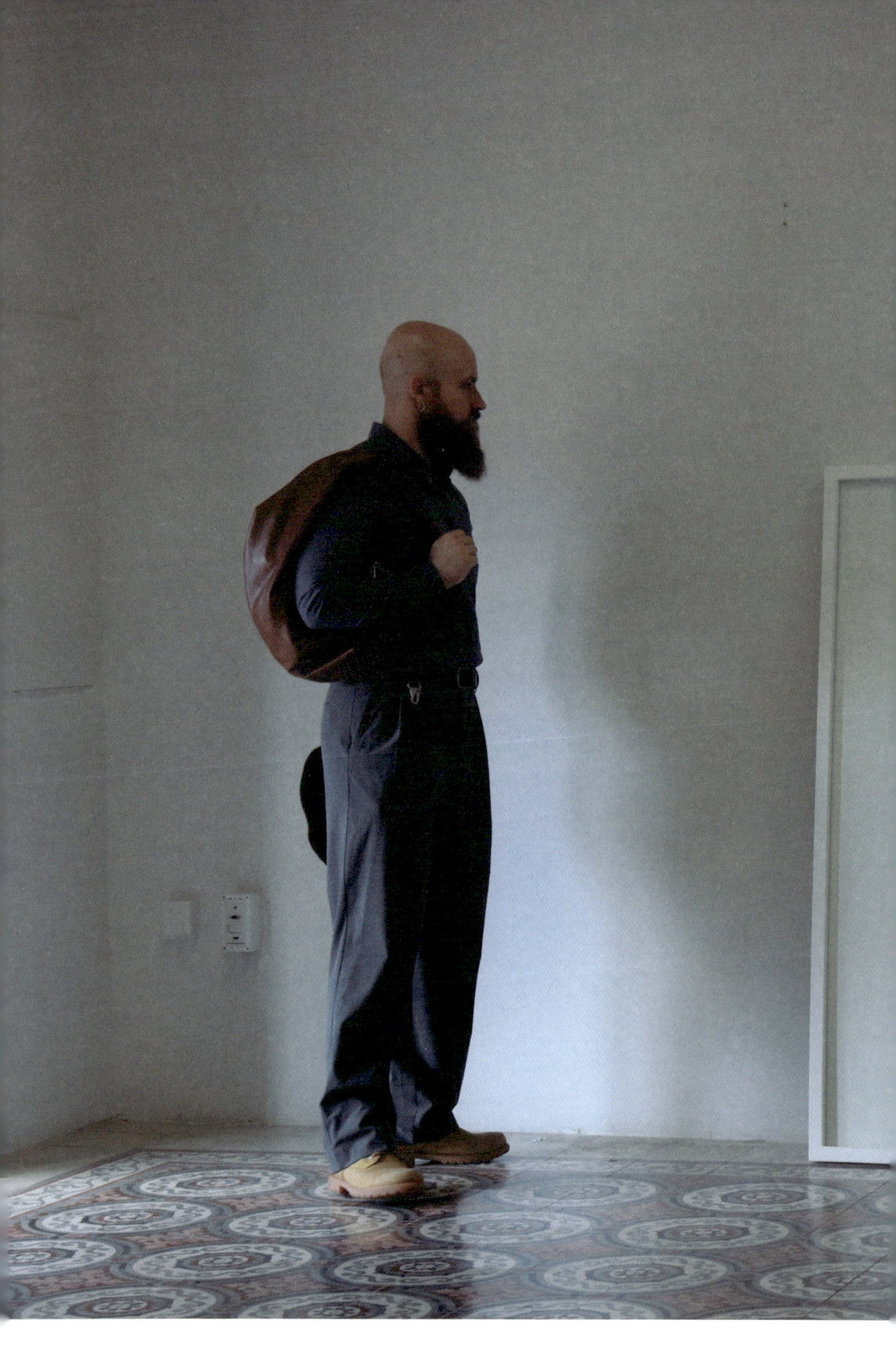

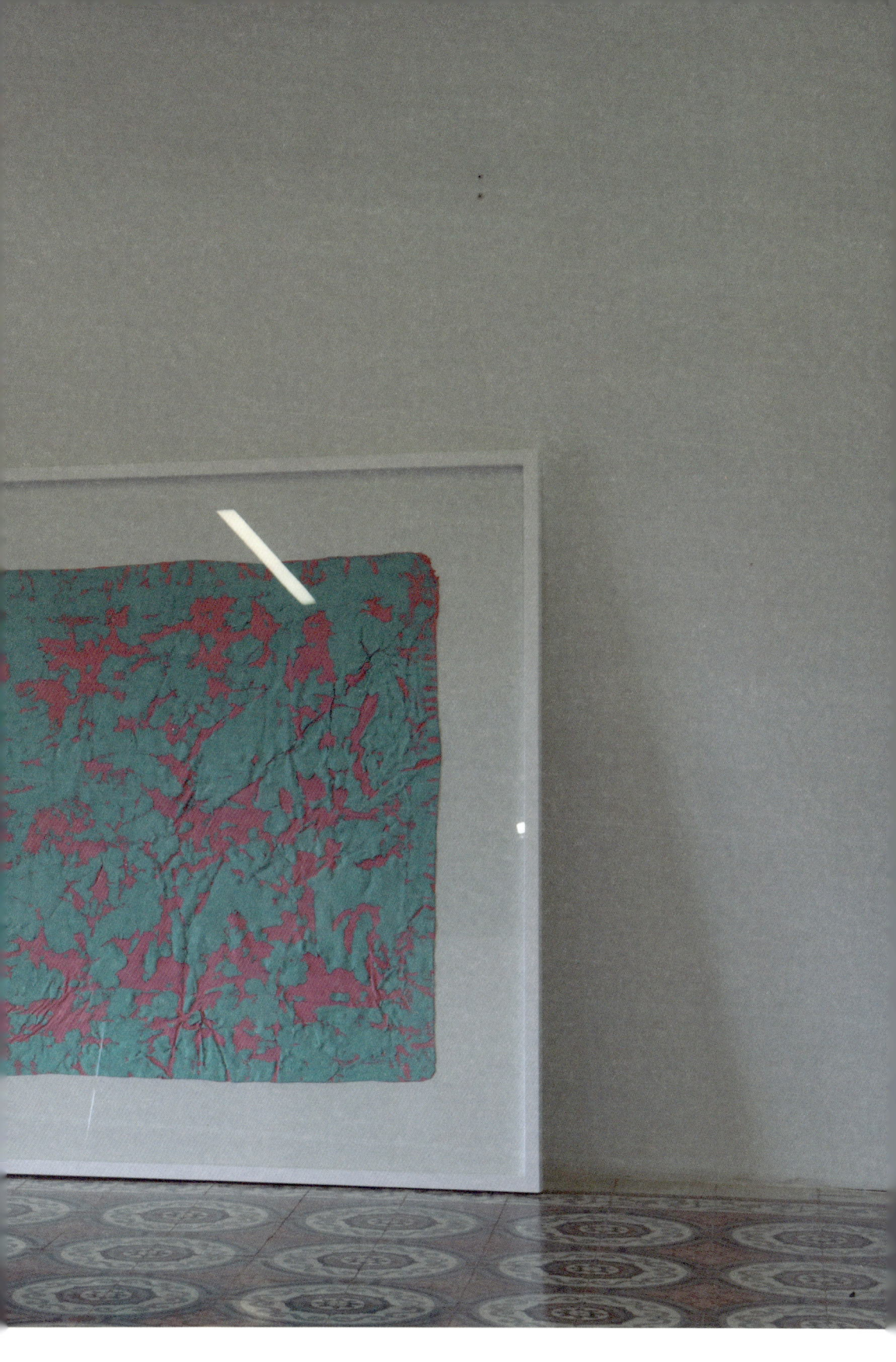

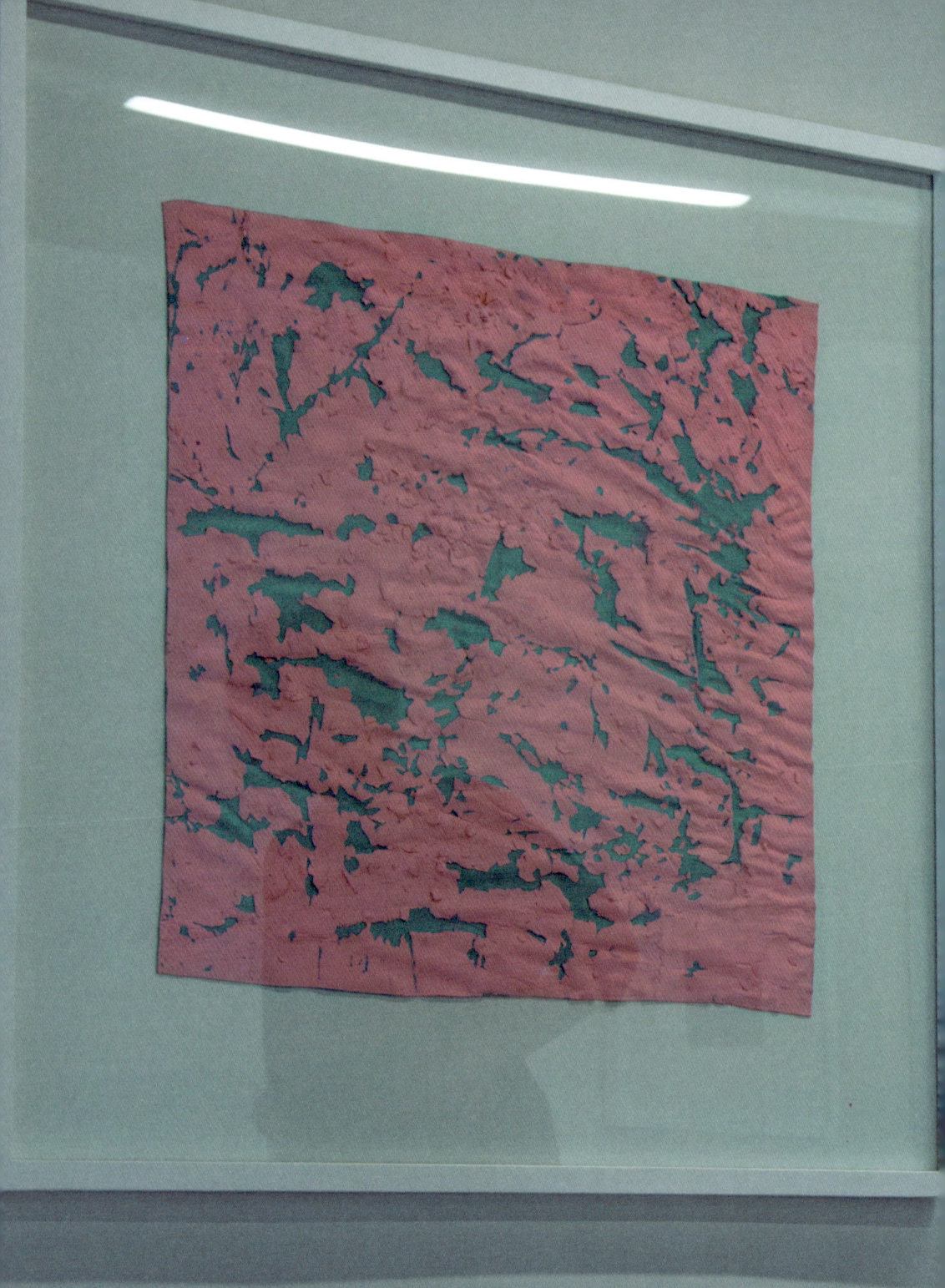

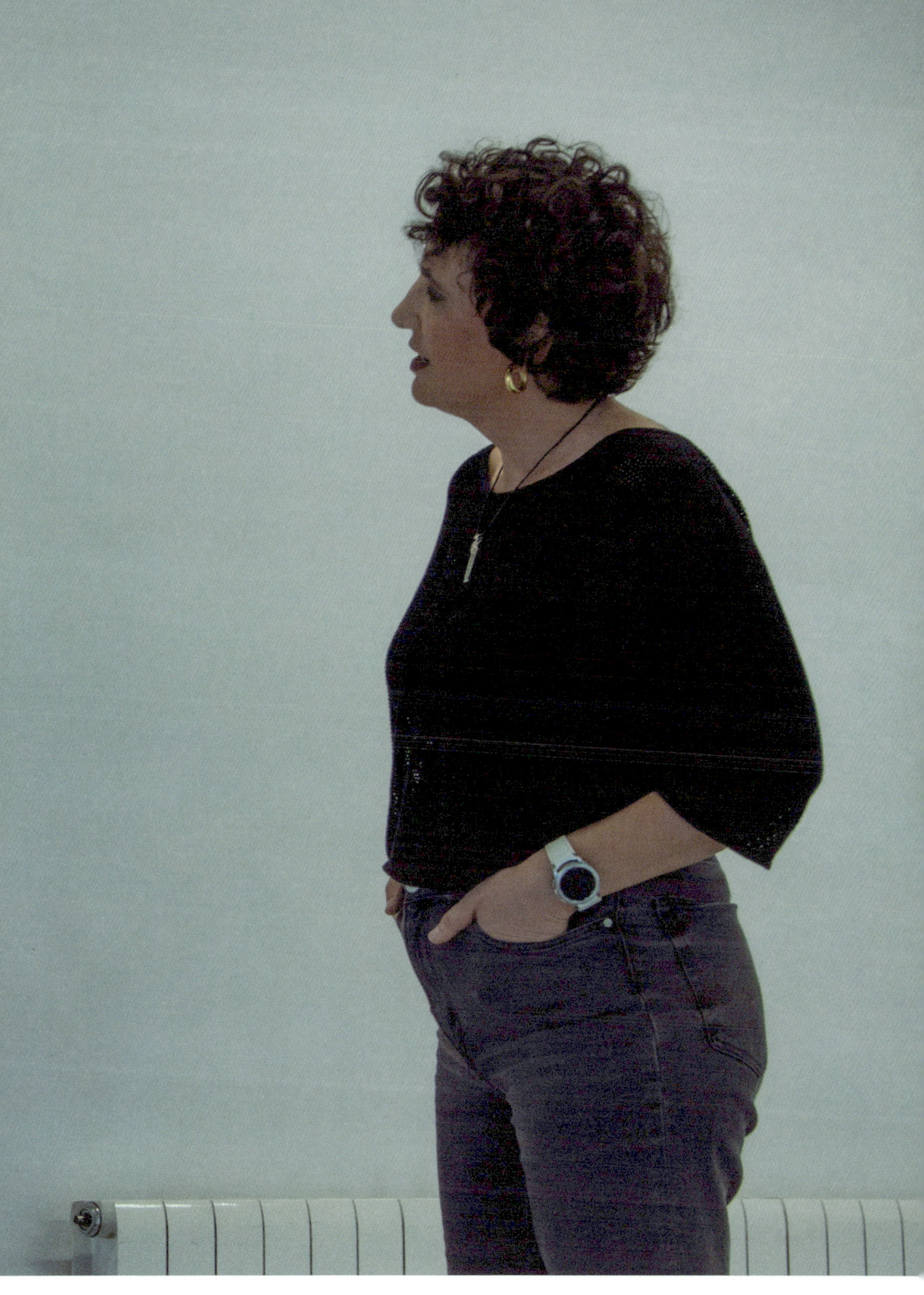

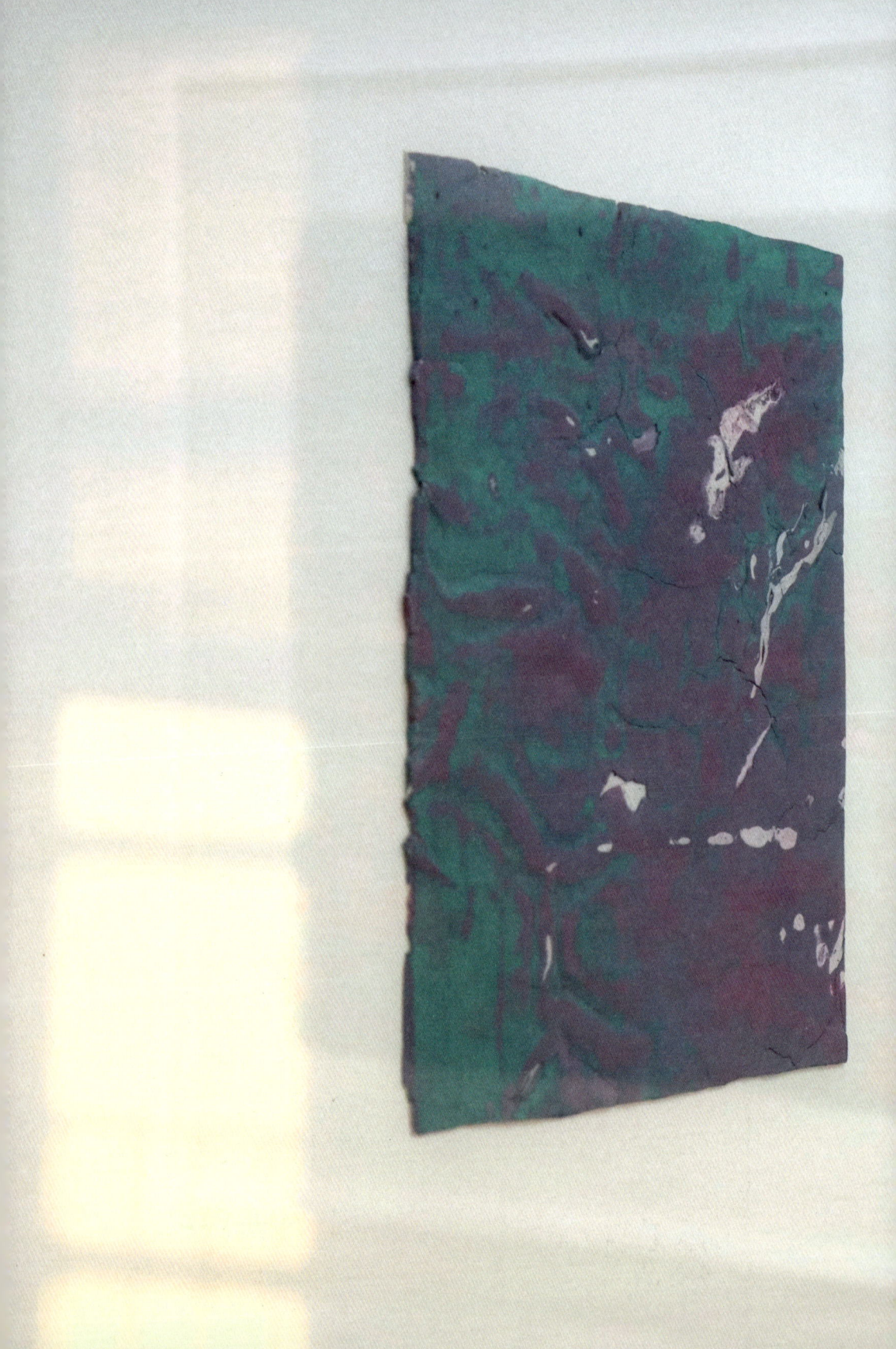

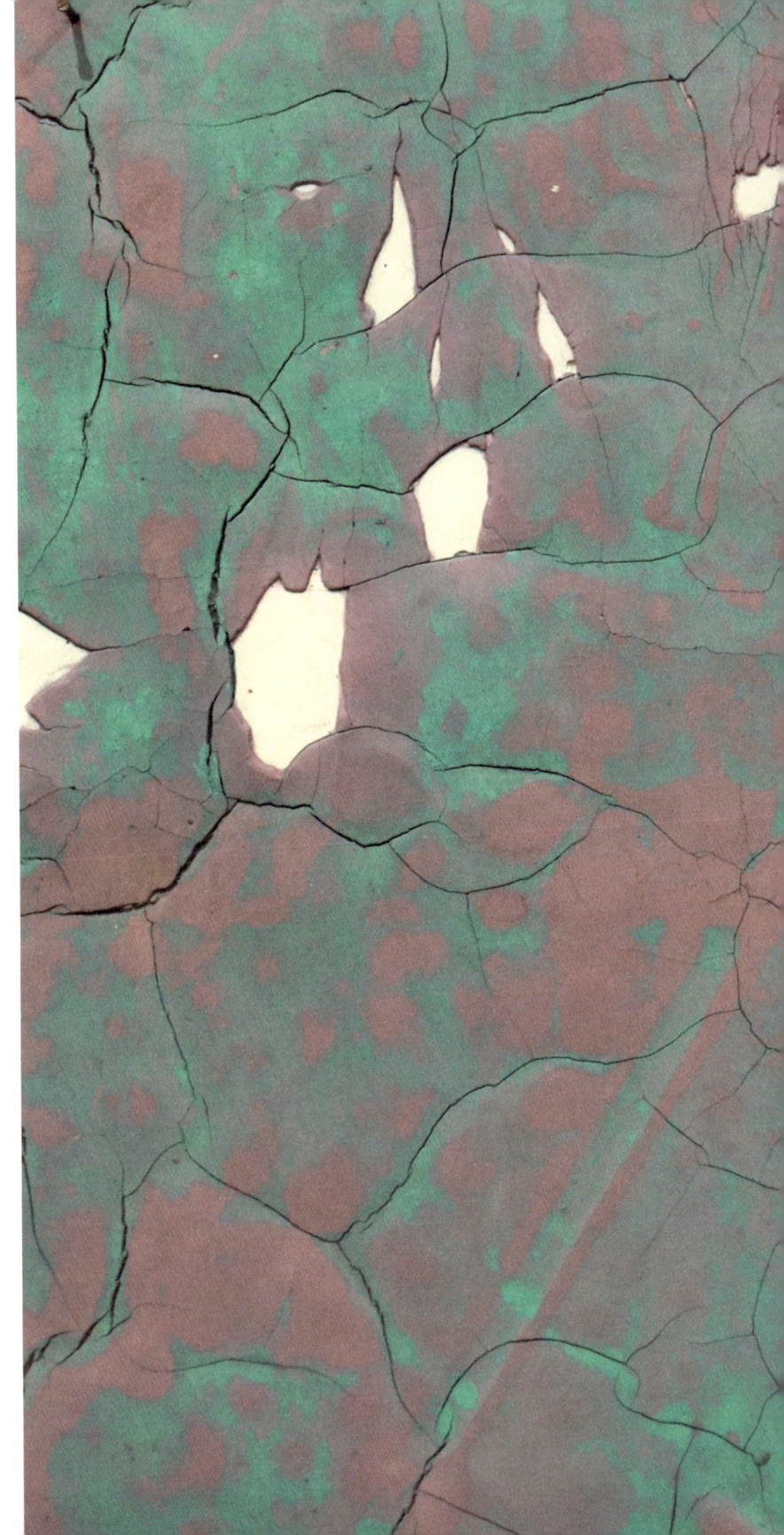

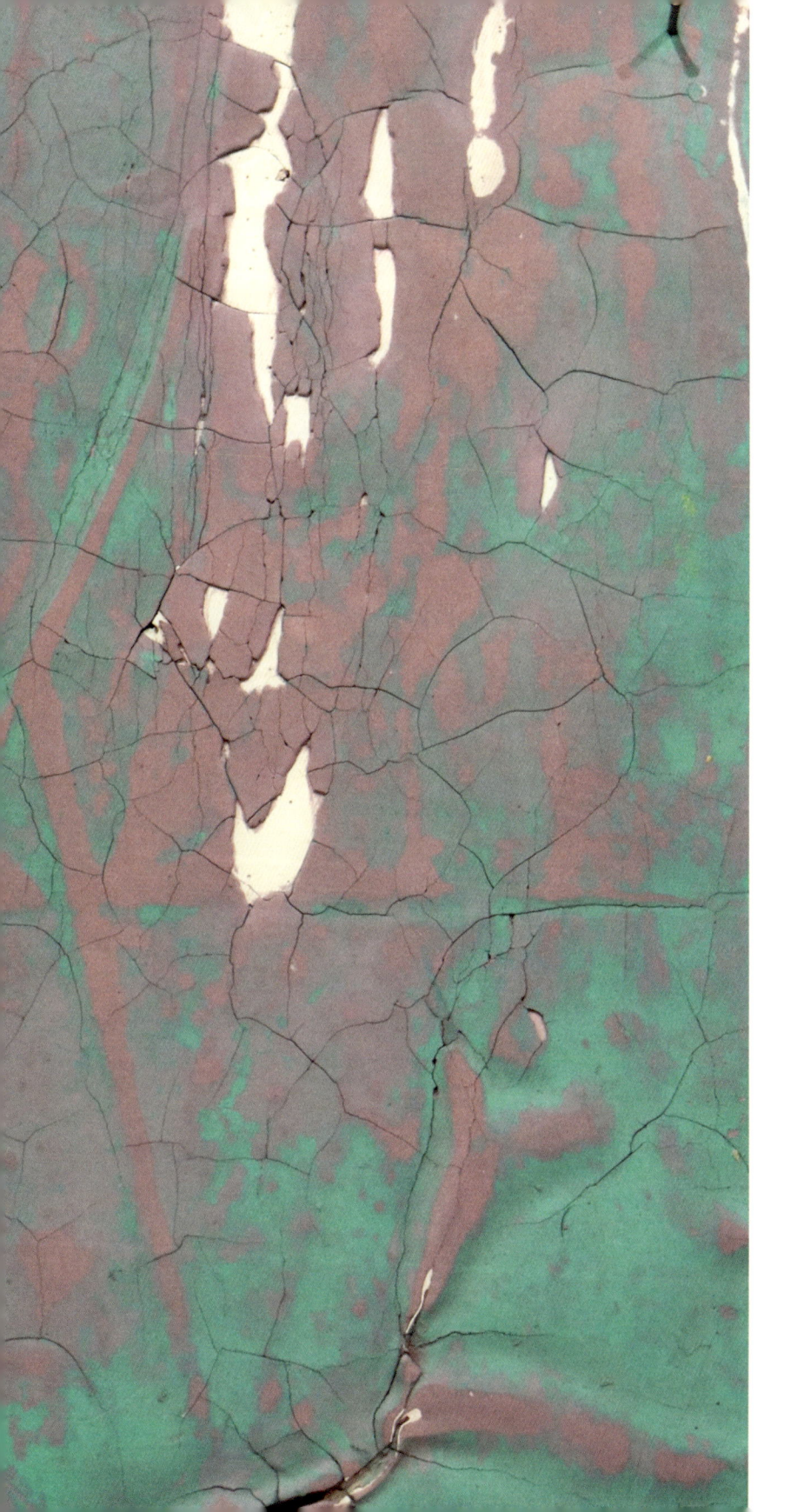

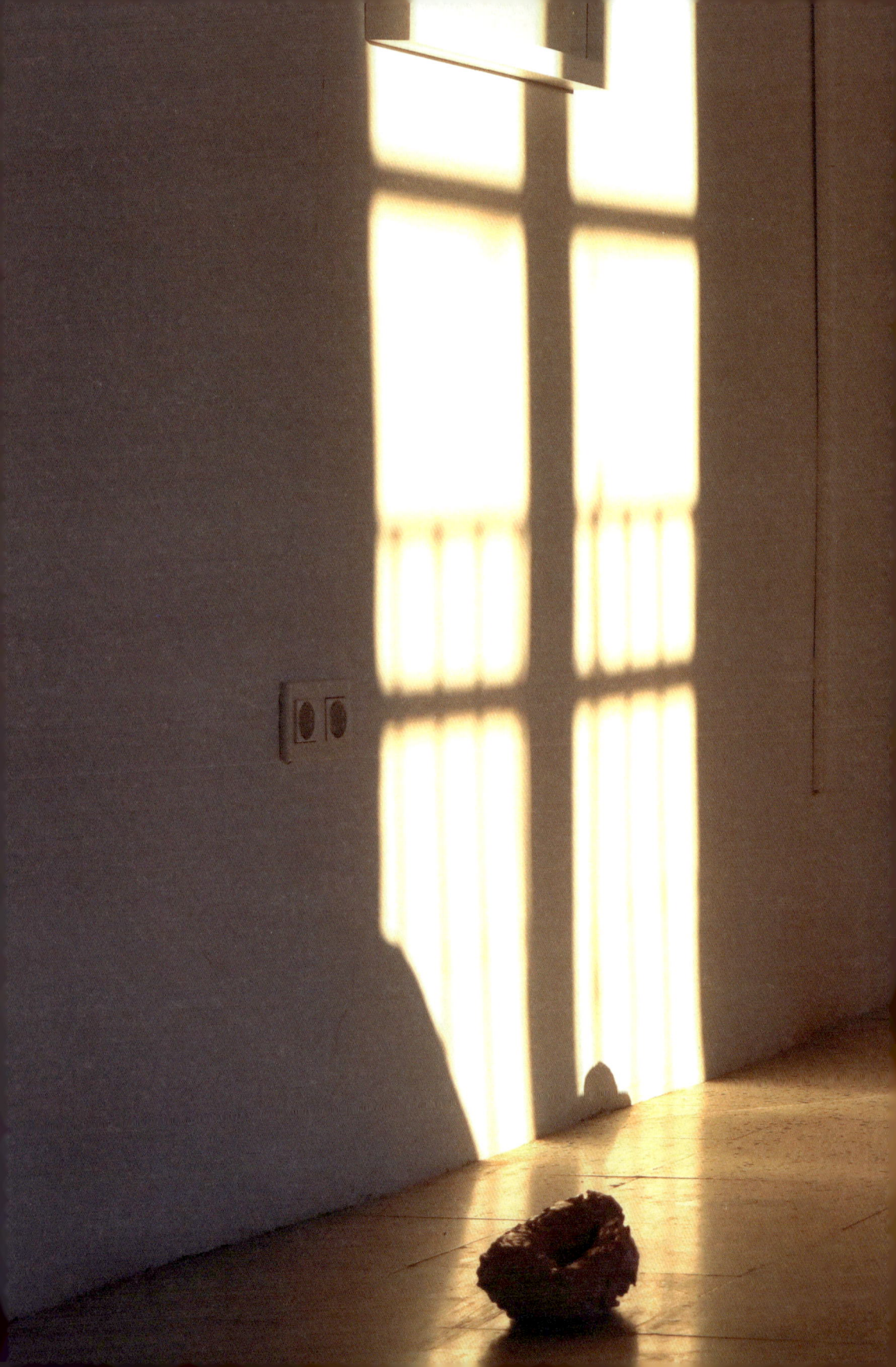

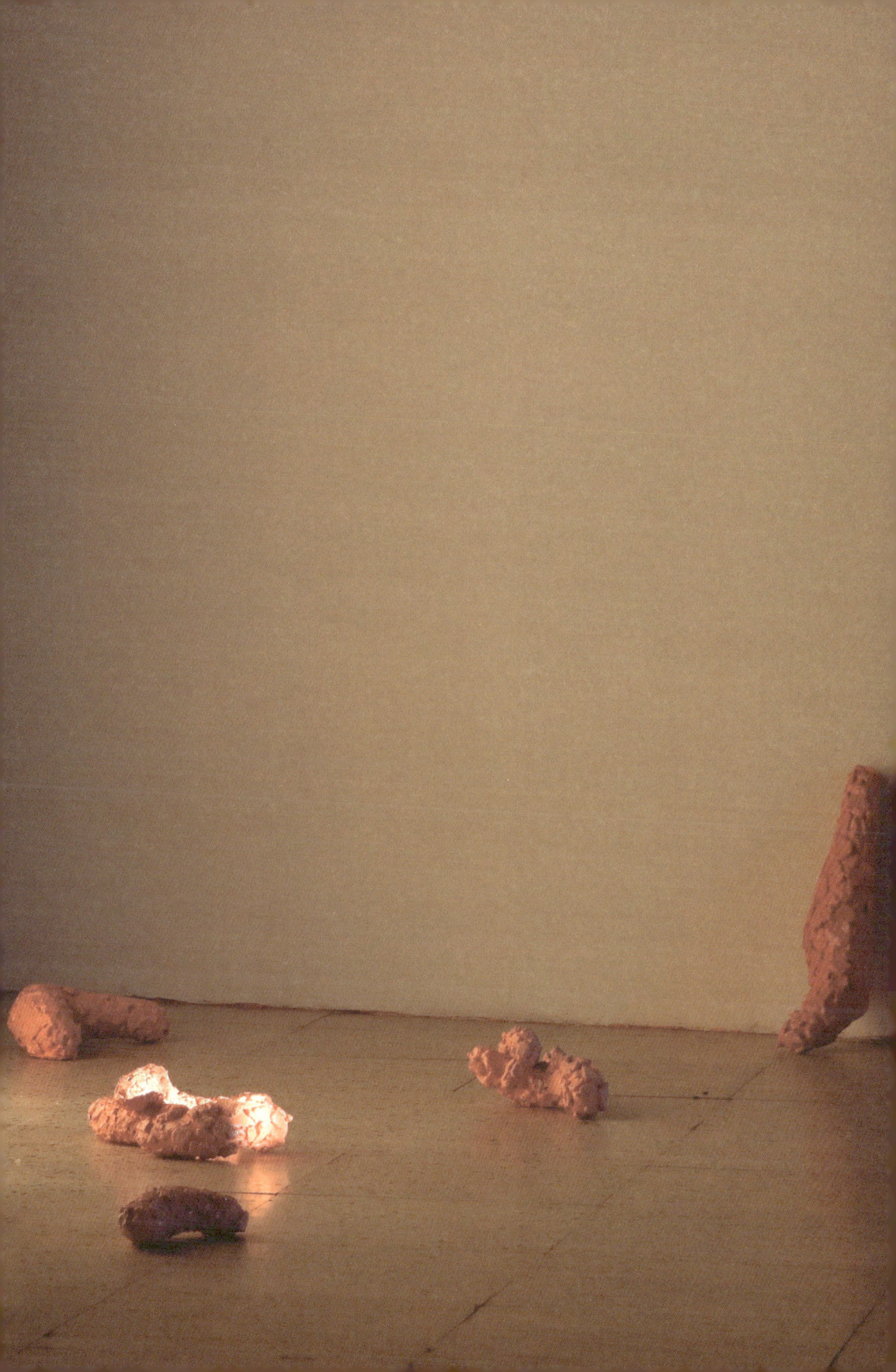

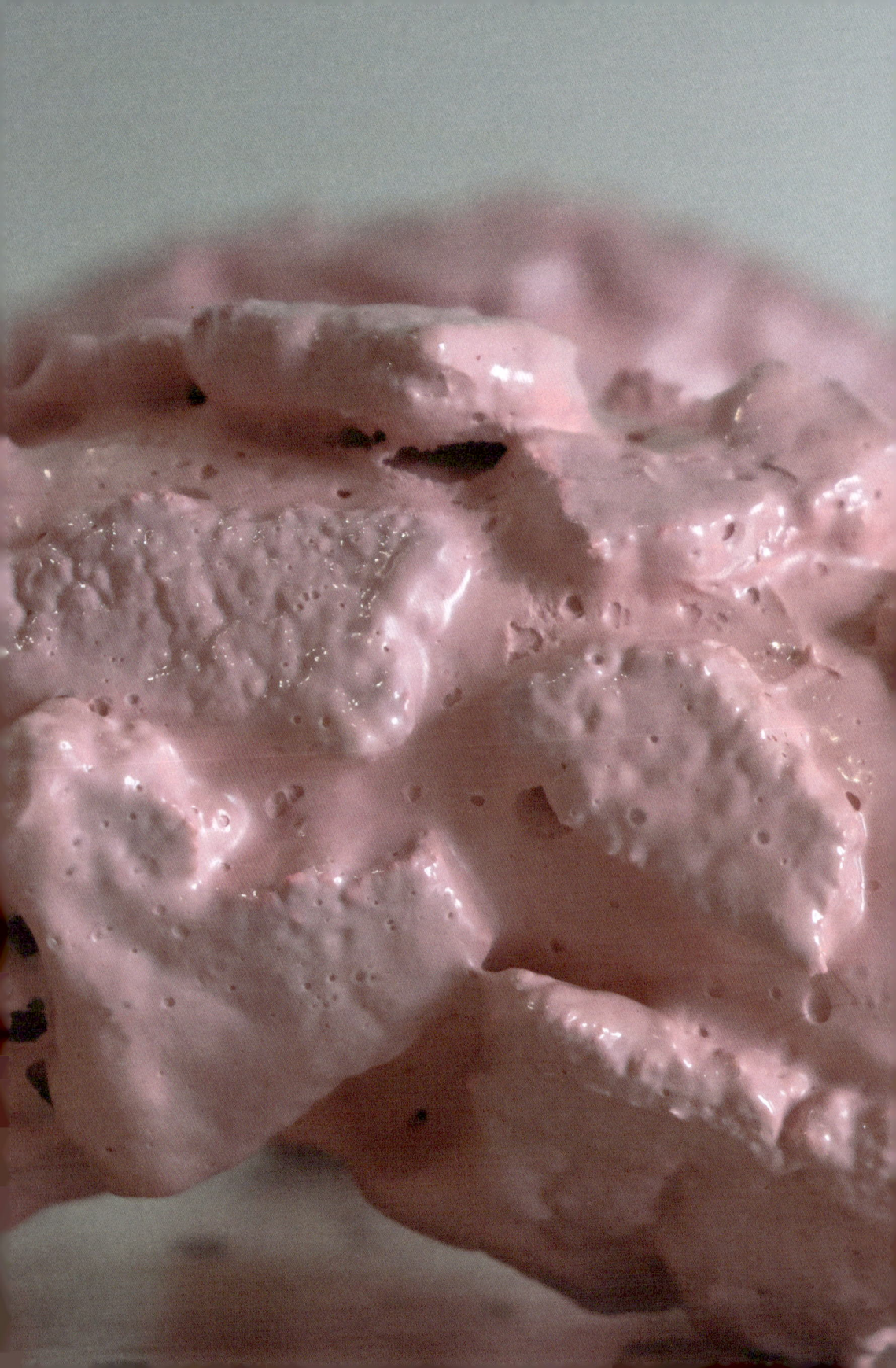

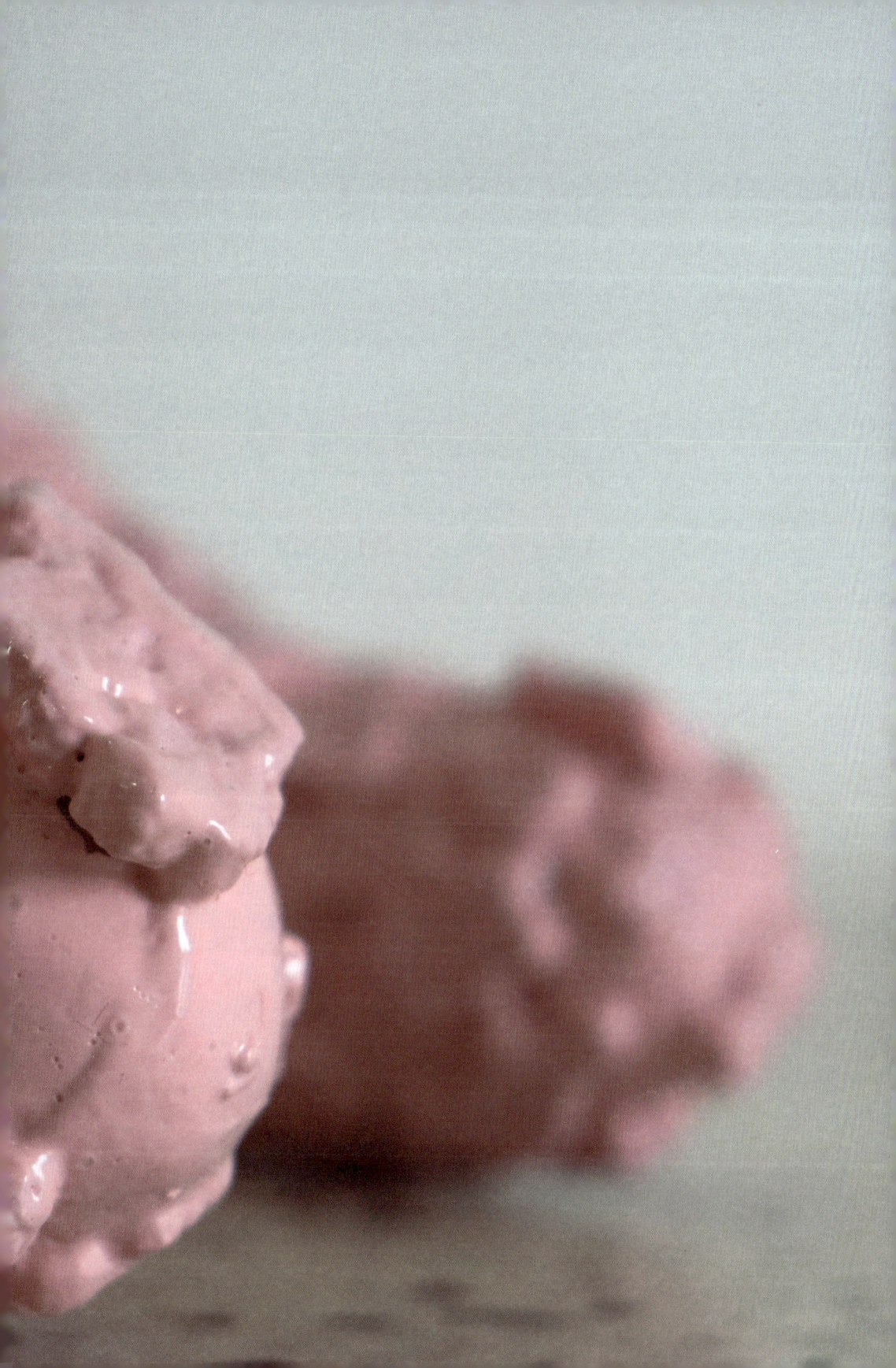

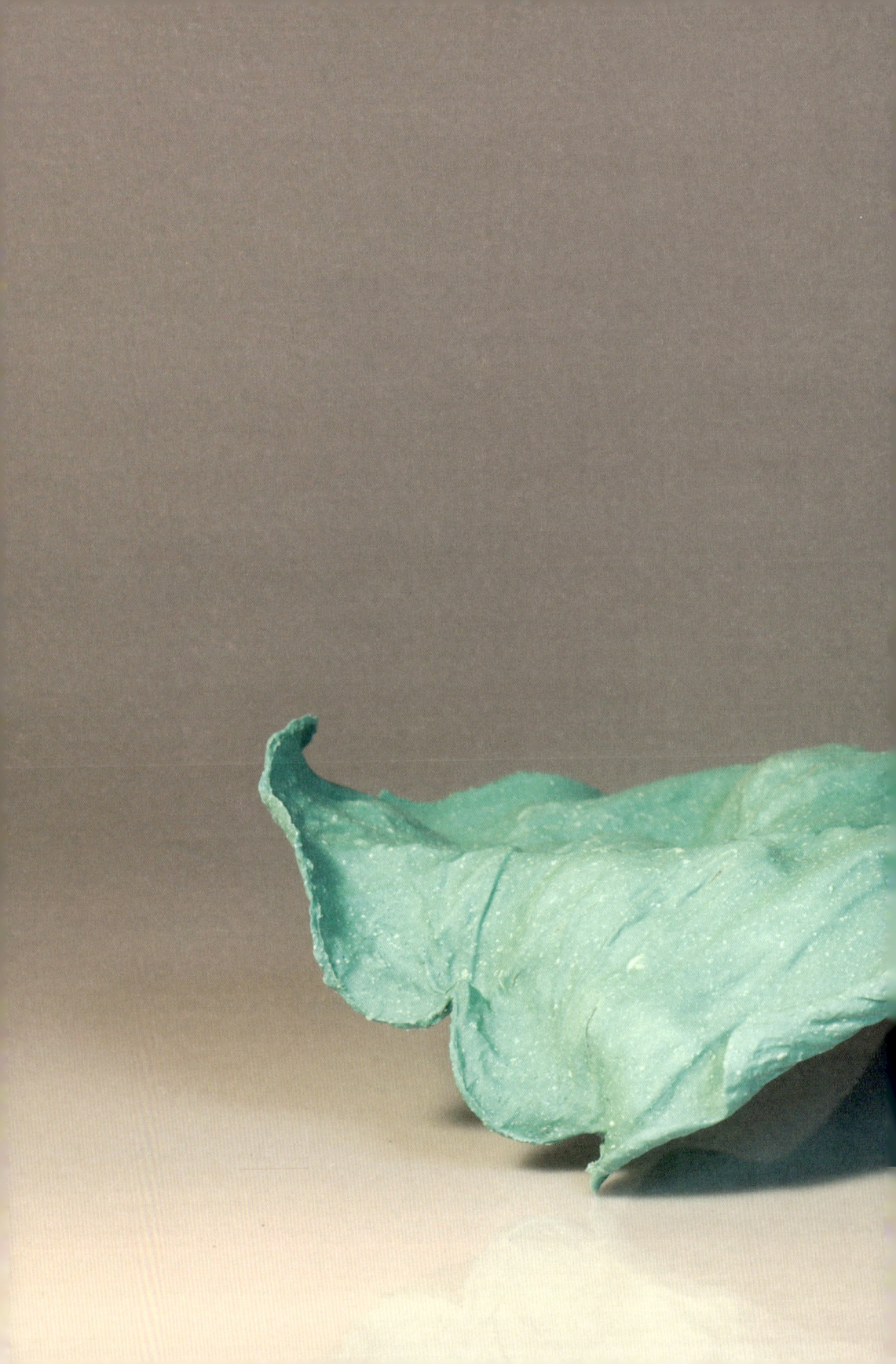

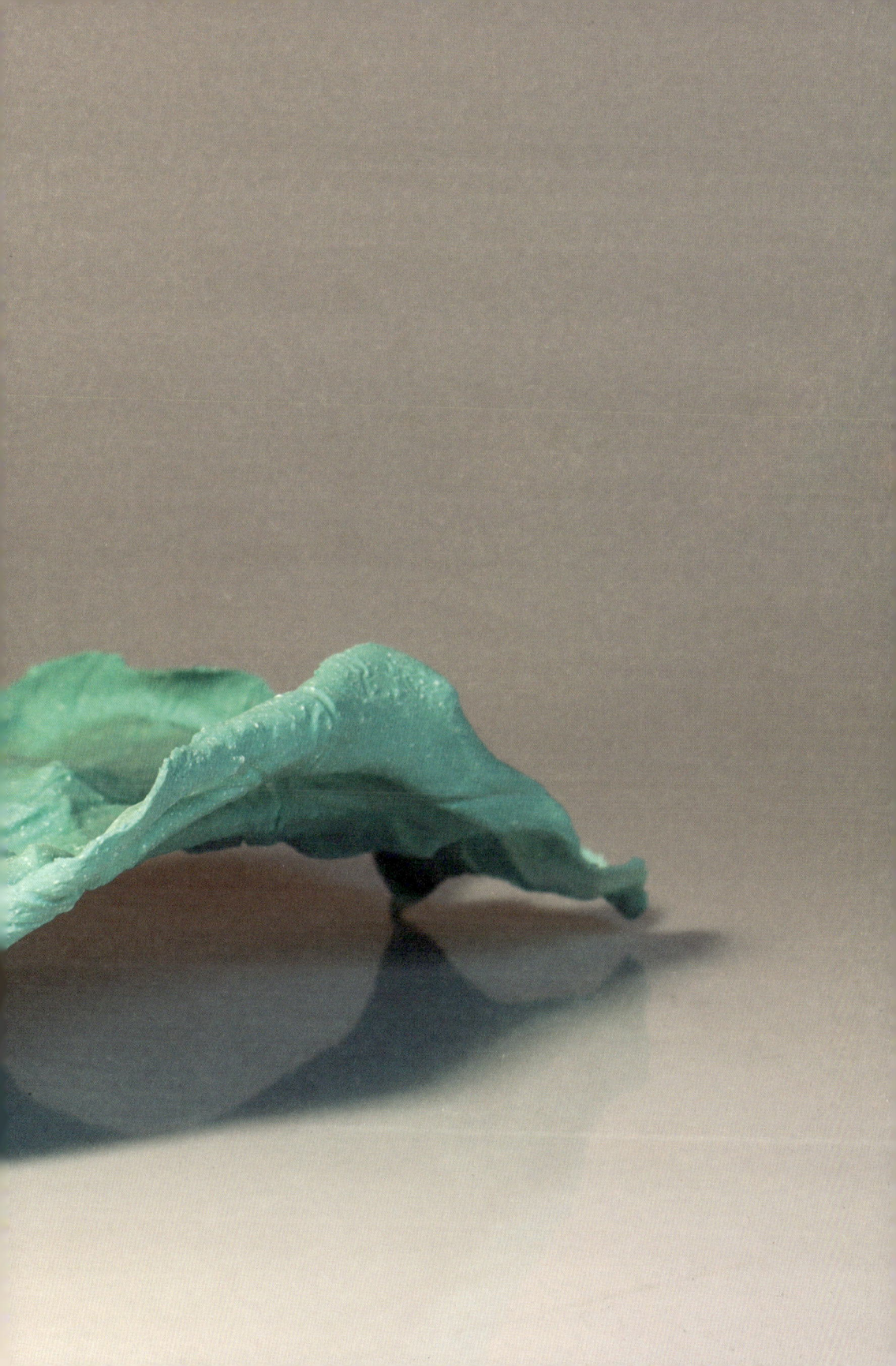

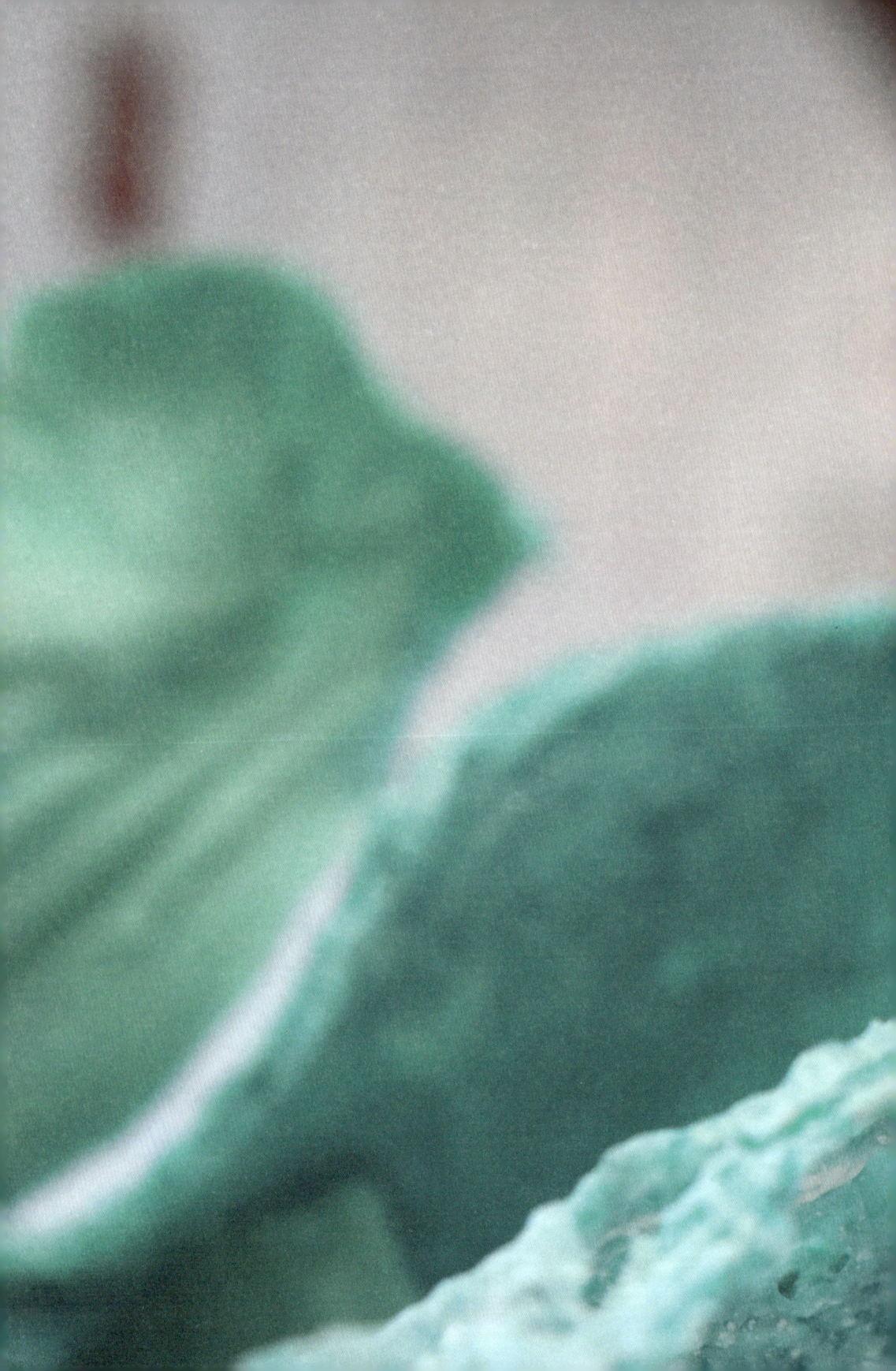

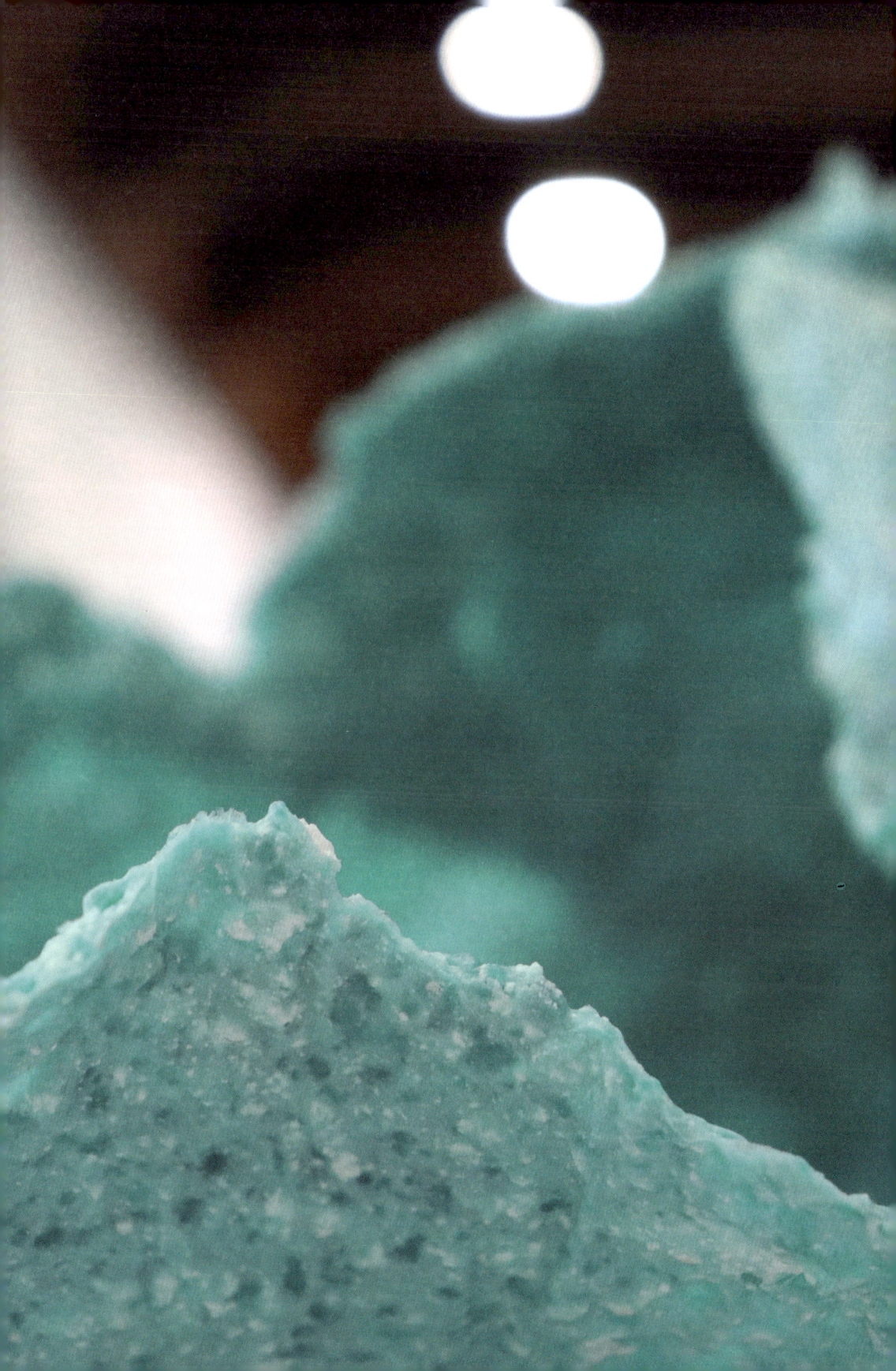

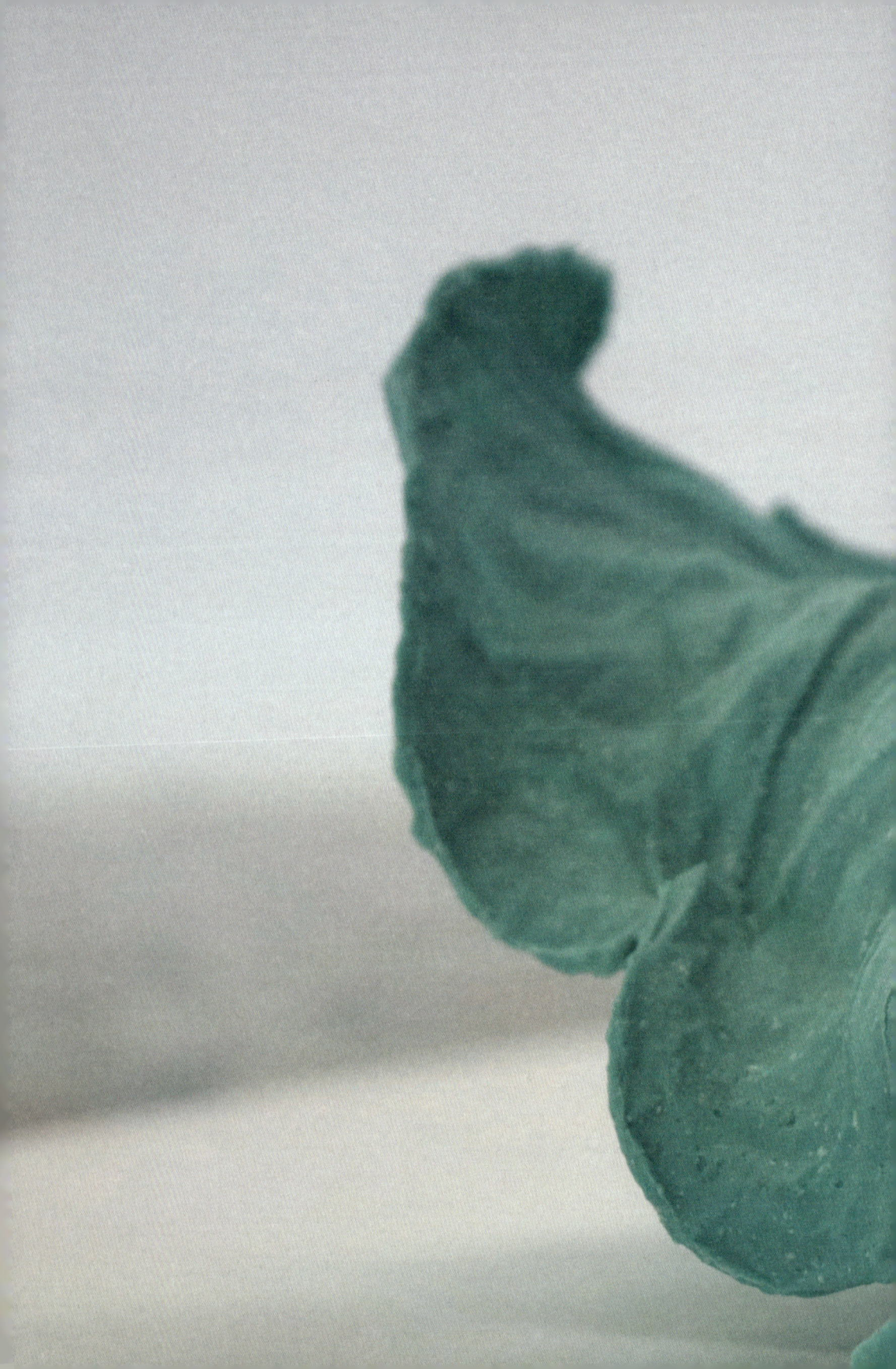

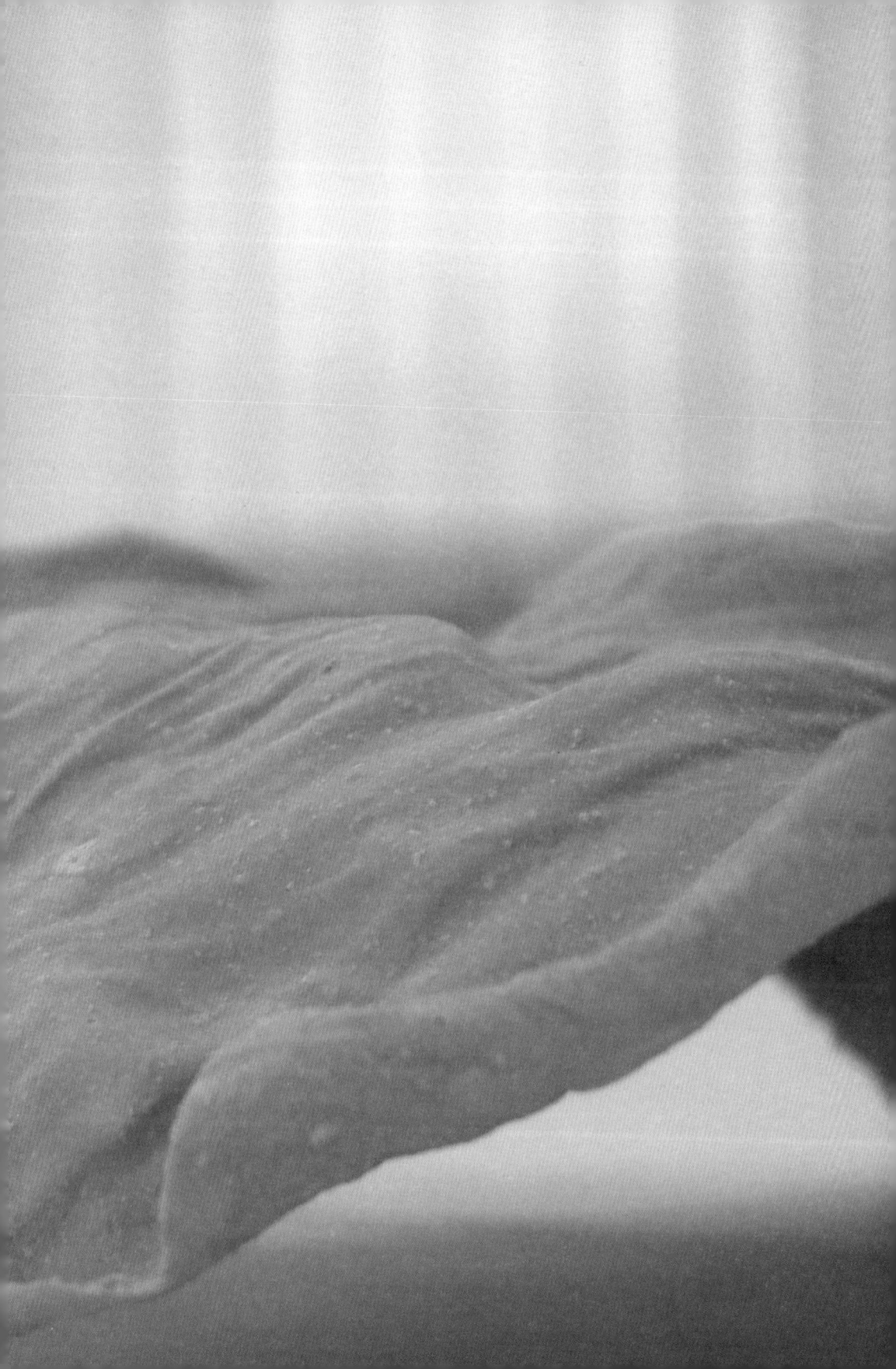

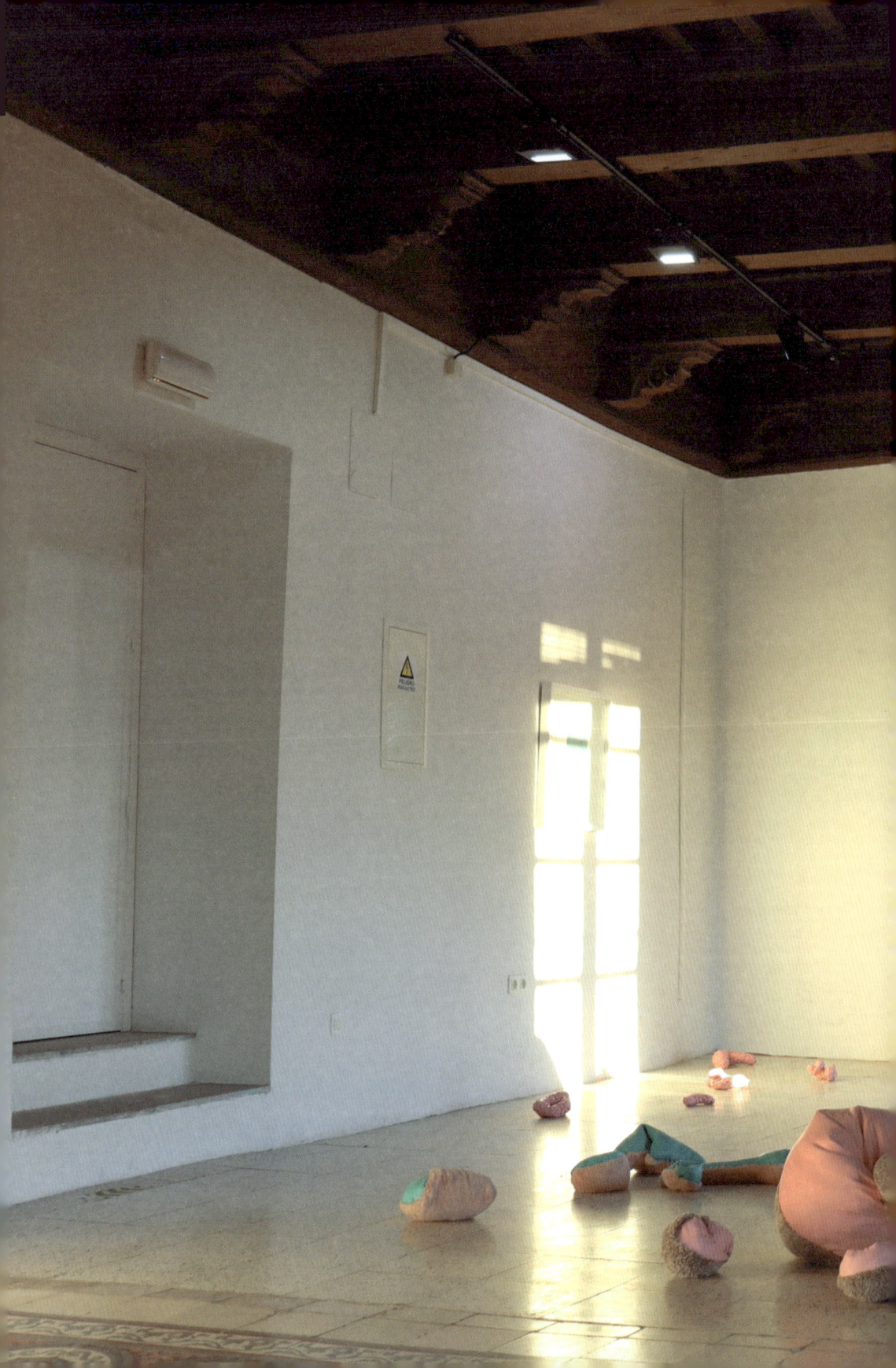

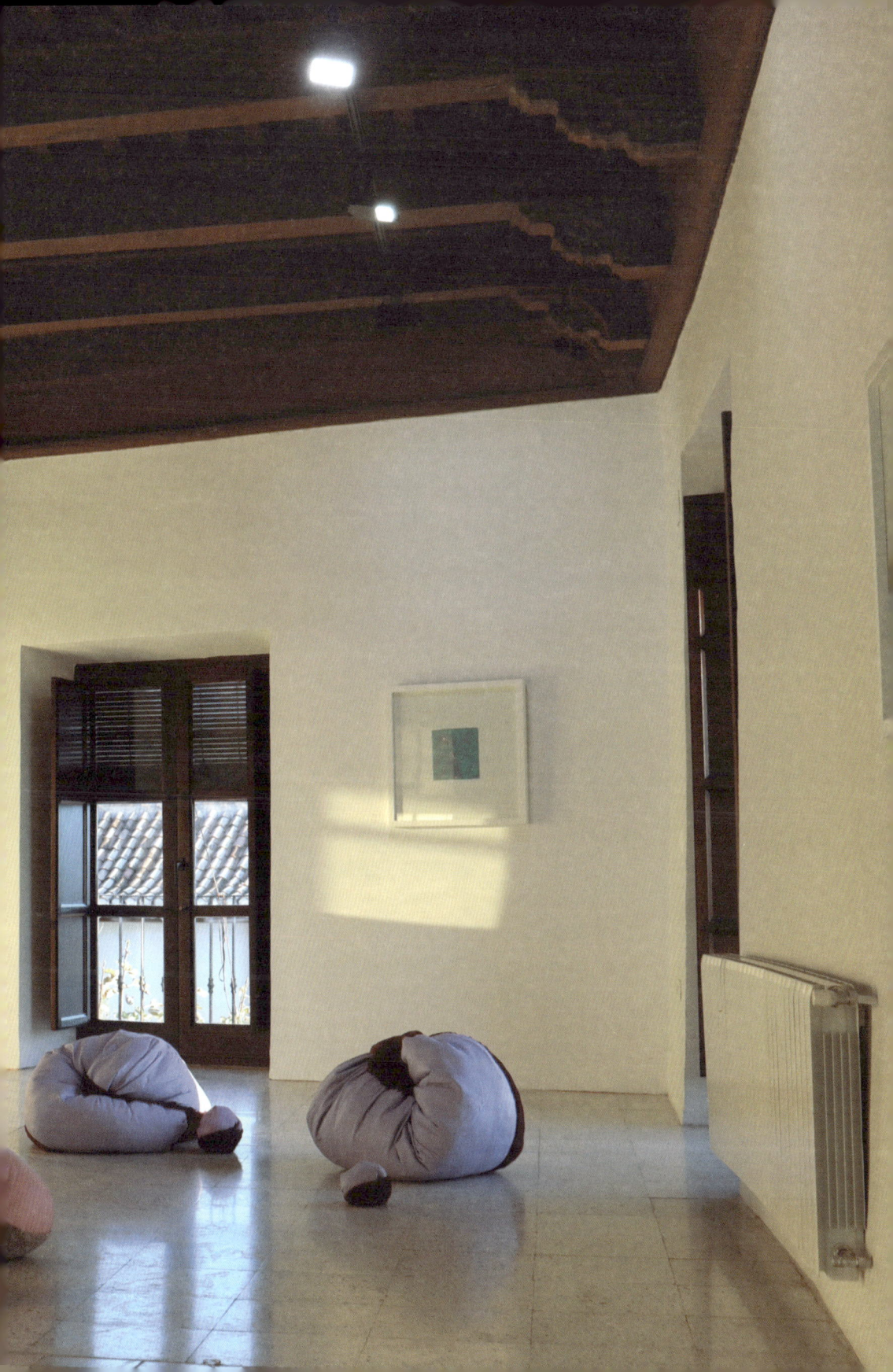

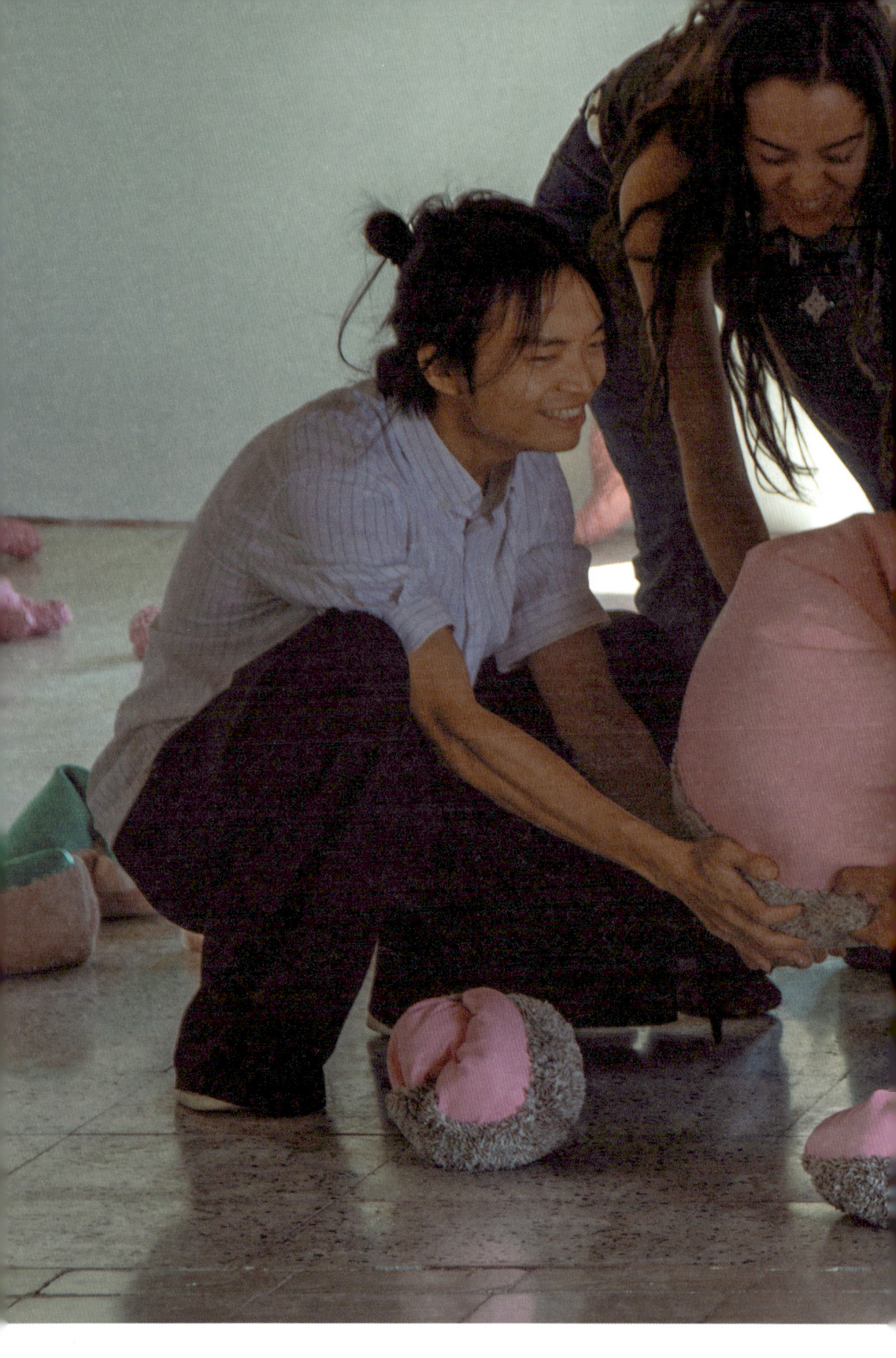

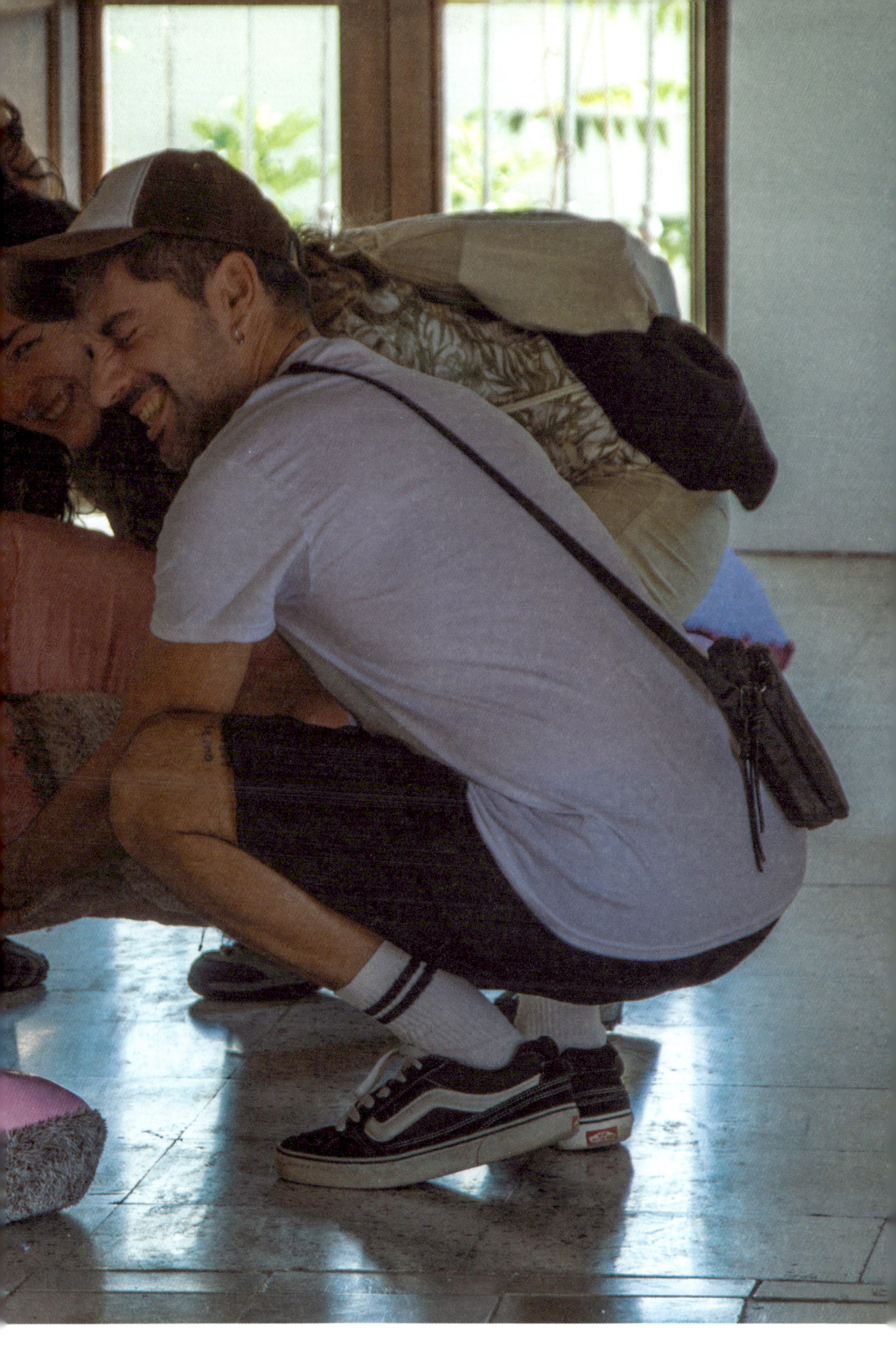

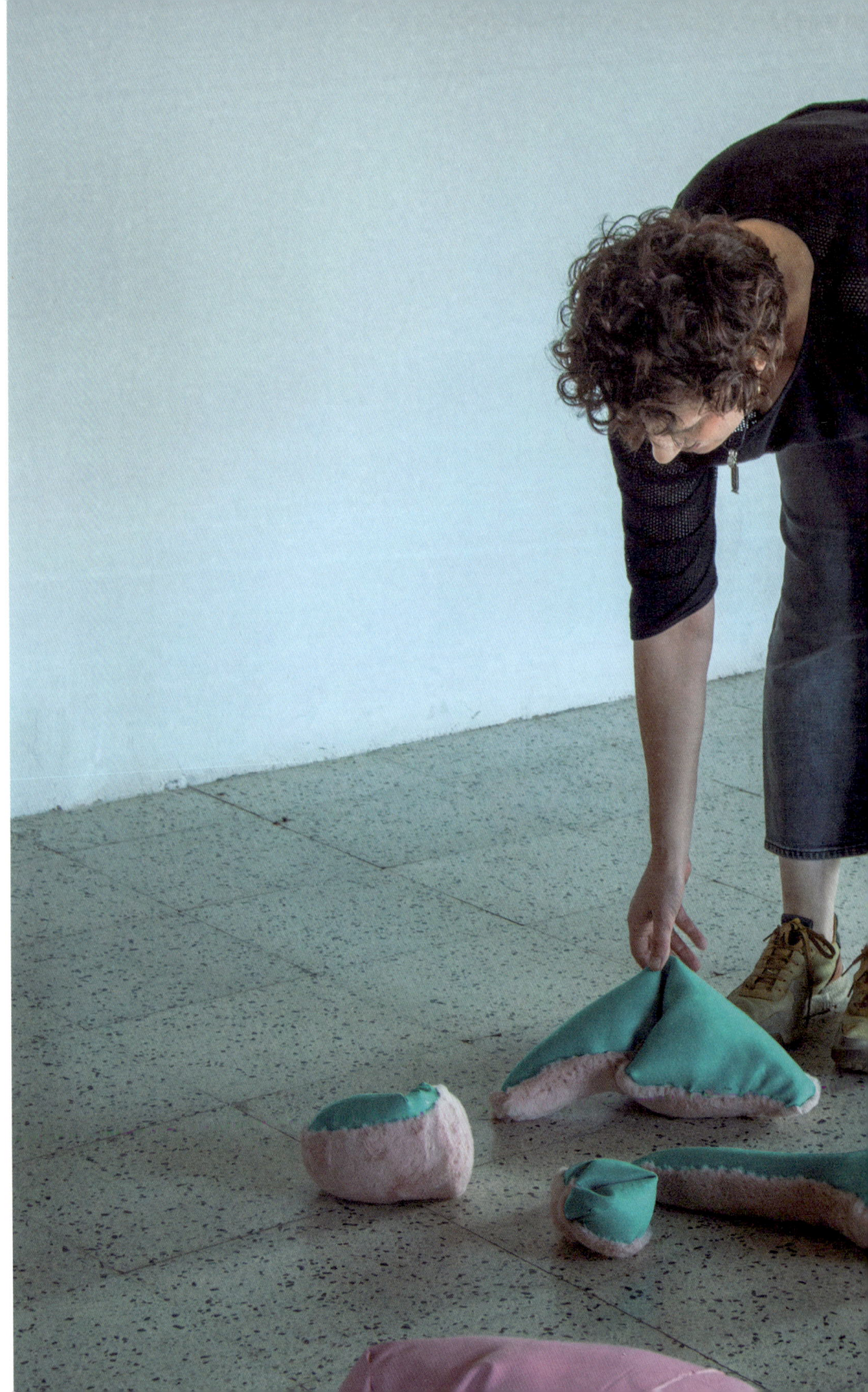

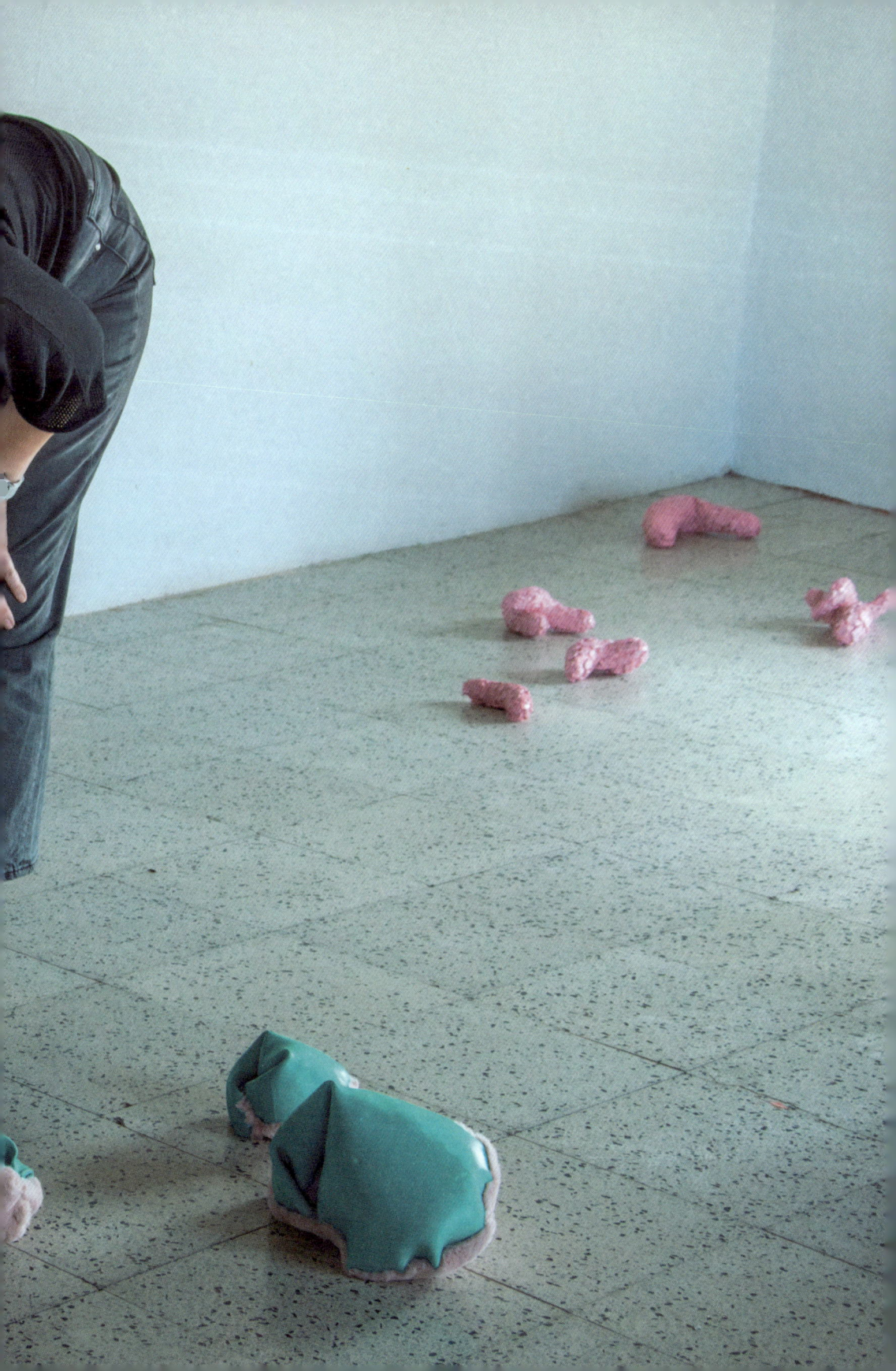

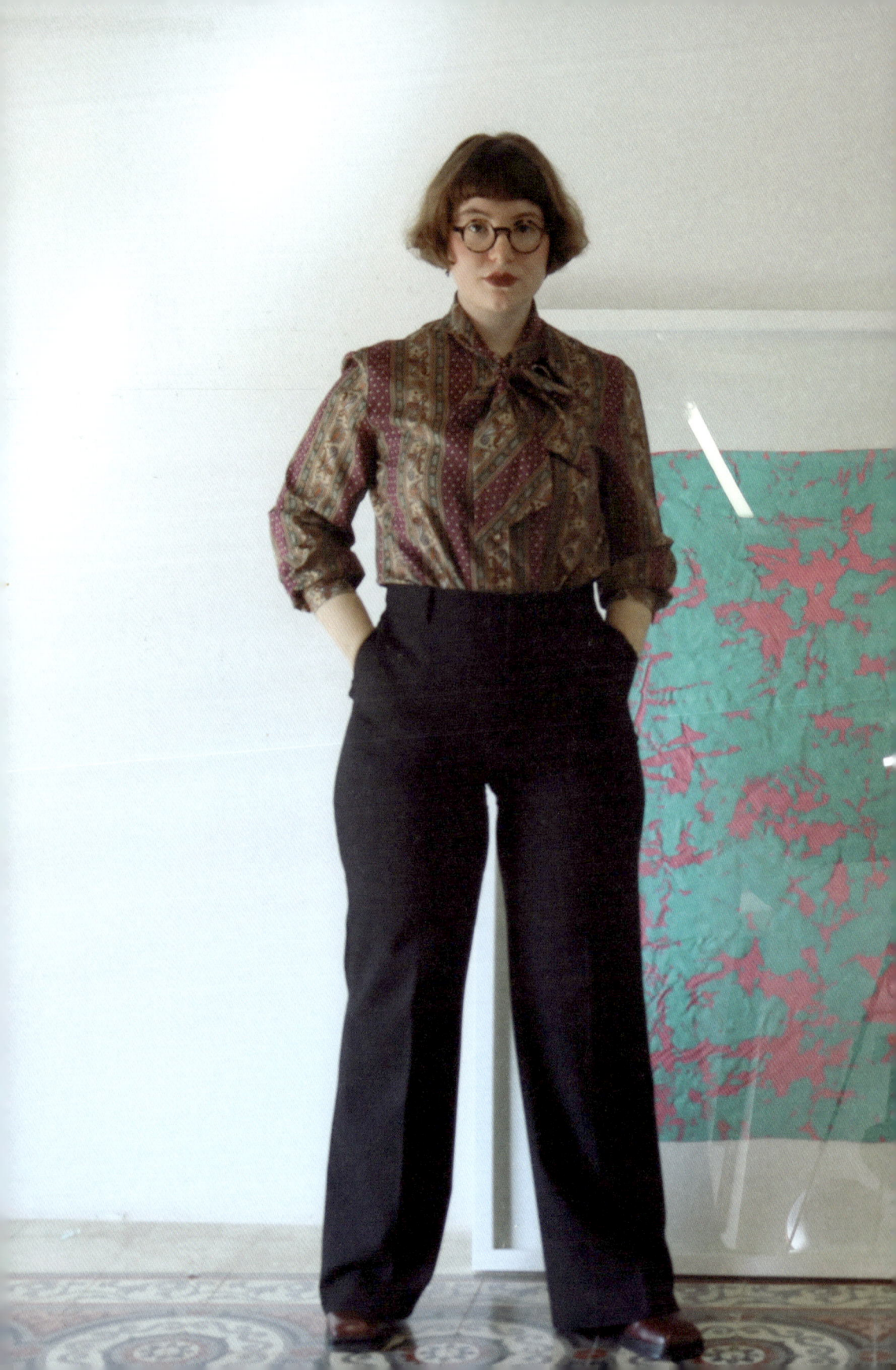

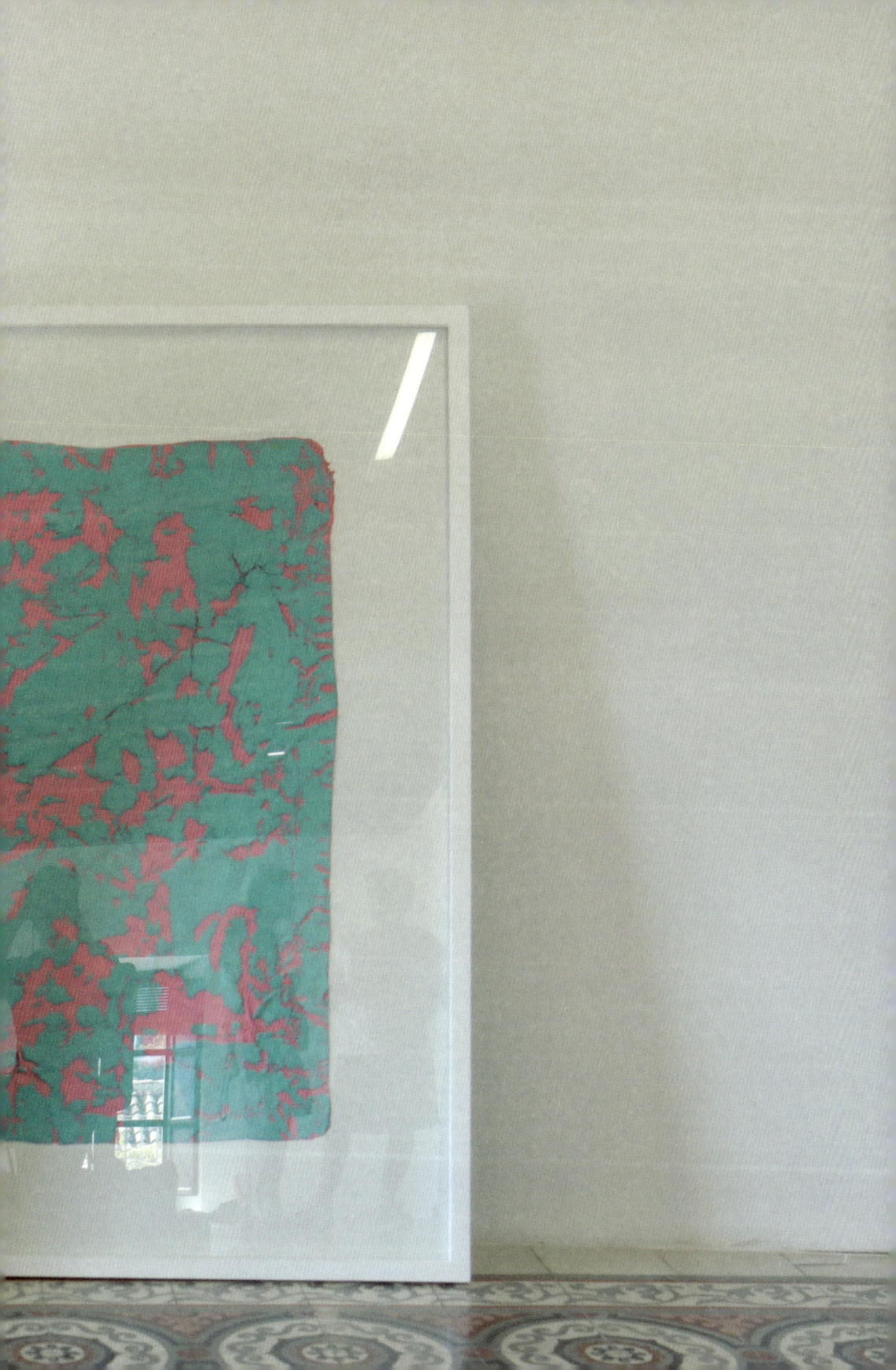

Rector de la Universidad de Granada
Pedro Mercado Pacheco

Vicerrectora de Extensión Universitaria,
Patrimonio y Relaciones Institucionales
Margarita Sánchez Romero

Director de La Madraza.
Centro de Cultura Contemporanea
Antonio Collados Alcaide

Directora del Área de Artes Visuales y Diseño
Marisa Mancilla Abril

EXPOSICIÓN

Organiza
Vicerrectorado de Extensión
Universitaria, Patrimonio y
Relaciones Institucionales

Comisariado
Marisa Mancilla Abril

Museografía y coordinación
técnica:
Manuel Rubio Hidalgo

Apoyo en museografía
Carmen Roca Velarde

Diseño y coordinacion gráfica
Patricia Garzón Martínez

Apoyo Gráfico
Alba Mª Espinosa López

Montaje
Equipo de montaje de la UGR

Producción gráfica
Producciones Ocaña, S.L

Comunicación y redes
Oficina de Gestión de
la comunicación UGR
Isabel Rueda Castaño
Inmaculada León González

Comunicación Audiovisual
Raquel Botubol Rivera

CATÁLOGO

Edita
Editorial Universidad
de Granada

Coordinación editorial
Marisa Mancilla Abril

Coordinación técnica
Patricia Garzón Martínez

Diseño y maquetación
Patricia Garzón Martínez
Alba Mª Espinosa López

Textos
Fran Baena
Devon García Villegas

Impresión
Comercial Impresores. Motril

Fotografías
Pablo Reina Mendaro
Devon García Villegas

ISBN: 978-84-338-7246-3
DL. Gr. 79-2025